职业道德

主编 王 易 邱 吉

中国人民大学出版社
·北京·

前言

党的十七大报告指出，要大力发展职业教育，这是建设人力资源强国的重要途径，也是使社会就业更加充分的重要措施。广大从业人员是我国产业队伍的生力军，各级各类院校的学生是我国高技能人才的后备军。对广大从业人员和各级各类院校的学生加强职业道德教育，一方面，有助于从整体上提高我国广大从业人员队伍的职业道德素质，促进社会主义物质文明建设和精神文明建设；另一方面，有助于为广大从业人员和各类院校学生职业生涯的顺利发展奠定坚实的基础。

2001年，中共中央颁布的《公民道德建设实施纲要》中明确指出："要把道德特别是职业道德作为岗前和岗位培训的重要内容，帮助从业人员熟悉和了解与本职工作相关的道德规范，培养敬业精神。要把遵守职业道德的情况作为考核、奖惩的重要指标，促使从业人员养成良好的职业习惯，树立行业新风。"此后，人力资源和社会保障部（原劳动部）开始组织国家职业资格认证考试，并且将职业道德作为国家职业资格认证考试的公共课程。此举不仅极大地推动了我国广大从业人员的职业道德学习和教育活动，促进了社会主义道德建设，也对广大从业人员获得行业认同和事业发展起到了积极的推动作用。

实践证明，职业道德培训、考核、认证已经成为“德育”和“德治”的重要组成部分，是社会主义市场经济发展的客观要求。它不仅对个体生存和发展起到了积极的促进作用，而且为市场经济条件下的用人单位提供了选人用人的参考依据，同时为公民道德建设提供了有效的操作平台，是社会道德走向制度化的关键。

为了帮助广大从业人员和在校大学生在轻松愉悦的氛围中有效地领会我国职业道德规范的基本要求和基本精神，也帮助想参加国家职业资格认证考试的员工和学生学习，我们组织编写了这本职业道德教材。与过去有关的同类教材相比，本教材有以下特点：一是内容完整系统。主要内容充分反映了国家对从业人员职业道德素质的基本要求，既包括职业道德的基础理论，又包括社会主义职业道德的基本规范。二是观念体现了鲜明的时代性与继承性的结合。既有反映时代发展要求的职业化精神理念，又有充分反映职业道德优良传统的内容。三是编写体例新颖、可读性强。每章由引言、学习目标、引入案例、正文和案例分析思考题等结构组成，将全章学习和需要掌握的内容加以梳理，既有提纲挈领的醒目标题，章节之间又有严密的逻辑联系，使学习者容易掌握其内在的逻辑关系，便于学习和理解。

希望这本教材能够便于广大从业人员和大学生学习使用，促进其职业道德素养的提高，为其提升职场竞争能力提供切实的帮助。

编者

2008 年 8 月

目　录

第一章

职业道德概述

本章引言

作为人类社会生活中最普遍、最基本的活动之一，职业活动是个体全面发展的必要条件。从事职业活动就必须遵守职业道德，承担不同职业岗位对社会所应承担的道德义务和道德责任。职业道德是社会道德基本要求在职业活动中的反映和体现，是各行各业职业岗位对从业者职业行为的客观要求和从业者取得事业成功的重要保证。

本章学习目标

- 理解职业道德的含义
- 认识职业道德的特征
- 了解职业道德的历史发展过程
- 把握社会主义职业道德的要求及其基本特征

第一节　职业与职业道德

引入案例

思想品德和职业道德测试的启示

梁某应聘到一家建筑公司当业务员，试用期1个月。

2周后的一天，部门经理让他单独去送投标材料。送材料时，他认识了该公司的竞争对手于某，两人谈得非常投机。

3天后，于某承诺给梁某2 000元钱，想知道梁某所在公司投标材料的内容，梁某答应了。当他将2 000元钱拿到手时被公司告知："你被辞退了。"

原来，所谓的投标和竞争对手，都是用人单位虚拟出来的，目的是要测试梁某的思想品德。根据记者了解，像梁某这样的求职者并不少。2月份，某市人才市场35%的求职者因未通过用人单位的"思想品德测试"，均在试用期内被辞退。

据悉，很多用人单位在试用期间都增设了"思想品德和职业道德测试"。由于这些测试都是用人单位根据实际情况自行制定的，有的与其业务密切相关，有的则只是日常生活细节。测试未通过者，即使业务水平较高，用人单位也不肯聘用。

资料来源：《新华每日电讯》，2004-02-29。

职业是重要的社会生活领域，职业生活是个人生活的有机组成部分。特别是在现代社会中，职业生活已经成为个人生命历程中一个主要的阶段，职业不仅决定着个人的谋生方式，而且还塑造着他的爱好、性情、人格、思维方式和价值取向等。各行各业的从业人员，要在我国社会主义现代化建设的生产、管理、服务第一线的不同岗位上从事职业活动，不仅需要掌握专门职业的科学知识、现代经营管理理念和现代技术，而且需要具备良好的职业道德素养。

一、职业与职业活动

“劳动创造了职业，是职业为我们提供了幸福生活的源泉。我们一来到世上，就与职业有割不断的关系。父母依靠职业收入养育我们，父母职业所带来的家庭生活风格，让我们感到亲切、熟悉，从中受到熏陶。我们忘不了儿时的职业游戏，小朋友们聚在一起，有扮司机的，有扮老师的，还有愿意扮演解放军的……这些模范折射出大家对职业的向往。我们更忘不了在漫长的学业历程中充满家长的期望、老师的教诲，还有自己的勤奋努力。这一切都围绕一个重要的主题：要为将来从事的职业打好基础，做好准备。之后开始了解和选择自己所愿意从事的职业，然后带着满腔的热情和学成的本领投身于职业社会，去拼搏、去争取职业成功。只有职业成功，才能更好地回报父母、师长，回报社会；只有职业成功，才能有稳定的合法收入，才能获得更有意义、更自由、更主动的人生。这样，当我们离开职业时，我们不会因虚度职业生涯而懊悔，也不会因生活无着而犯愁，我们可以自豪地说，在为社会作贡献的同时，我们也获得了幸福的人生。”①

职业的通俗表述就是人们所从事的工作。职业一词，是由“职”和“业”组成的合成词。“职”含有职责、权利、义务的意思；“业”含有业务、事业和专业的意思。职业合起来理解，是指为了满足社会生产和生活的需要，从事承担特定社会责任、具有特定义务的相对稳定的工种。一定的职业是从业者获取生活来源、扩大社会关系和实现自身价值的重要途径。

职业是社会分工的产物。没有社会分工，就不会有各种不同的

---

① 詹万生、李书华主编：《职业的智慧》，18～19 页，北京，教育科学出版社，2003。

职业；没有各种不同的职业，社会分工也就无法存在。在原始社会初期，只有氏族内部根据年龄、性别差异而形成的自然分工，工作的形式都极为简单，没有专业性的生产劳动，因此，这时的生产劳动无职业可言。直到原始社会末期，随着生产的发展，社会分工和社会交换逐渐发展起来，畜牧业、手工业和商业先后从农业中分离出来后，才形成了一些具有专门业务的特殊劳动方式，人们才相应地被固定在一定职业范围内，从事特定的职业活动。这样，职业活动才成为一种对人的生产和生活实践具有重要影响的现实存在。

职业的出现对个人生活和社会生活产生了深刻的影响。首先，从社会的角度看，职业的出现，标志着社会生产力和生产关系发展到了一个新的历史阶段，它推动人类社会由野蛮时代向文明时代迈进。职业成为稳定的、普遍的社会现象，是从封建社会中后期开始的。当手工业工场脱离农业成为一种新的生产方式，即资本主义性质的经济组织，从而使人们可以长期、甚至终身从事某种专业性的劳动后，职业的专业性、技术性、多样性和时代性特征才逐渐明朗起来。职业的分化在这一时期不仅越来越迅速，而且越来越精细、越来越复杂，特别是在社会化大生产条件下，各种职业服务范围日益扩大，甚至遍及全世界。今天，在现代科技和市场经济的推动下，大批专业性极强的新职业如雨后春笋般地涌现出来，加之各种职业之间的相互交叉和相互渗透，综合性较强的各类新职业也越来越多。高度的职业化分工不仅成为社会生产力发展的强大动力，而且成为社会进步的重要标志。人类的职业发展史充分证明：一定社会历史时期职业部门和种类的多少，职业发展程度的高低，既取决于当时的社会分工和生产力的发展水平，也标志着当时人们认识世界和改造世界的深度和广度。

其次，从个体角度看，随着社会的进步，职业分工的发展，从事某一特定职业岗位的人，在他所从事的特定岗位上，通过获得扮演某一公共角色的机会进而获得生存和发展所必需的物质条件和社会条件。因此，个人生存需求和需求满足方式早已内在地、必然地将个人与职业、职业活动、职业活动群体、国家、社会紧密地联系在了一起，它是个体与职业、职业活动、职业活动群体、国家和社会无法分离的最深刻原因。

因此，职业既是人们社会地位和社会角色的集中体现，又是人们个人利益和自我价值实现的主要途径。职业的本质，是社会职能专业化和人的角色社会化的有机统一。

二、职业道德及其内涵

职业不是一个空洞的生活领域，而是人的社会联系和利益关系的集合。职业的产生形成了新的社会联系和利益关系，除了职业内部从业人员的各种联系之外，还有不同职业从业人员之间以及职业人员与广大社会服务对象之间的各种关系，每个从业者的职业活动实际上就是与各种人打交道的过程。正是在这样的过程中，人们就会对从事不同职业活动的人提出一定的要求。同时，长期从事某种职业活动的人也通过职业训练逐渐养成了特定的职业心理、习惯和职业责任心、荣誉感，从而也就形成了职业道德。

职业道德，即在一定的社会经济关系中，从事各种不同职业的人们在其特定职业活动中所应遵循的职业行为规范的总和。它是从业者在职业活动范围内应当遵守的与其职业活动相适应的行为规范，是一定社会范围内道德基本要求在不同的职业活动中所表现出的特定行为规范。它主要体现在职业理想、职业态度、职业义务、职业纪律、职业良心、职业荣誉、职业作风和职业技能等方面。

职业理想，即人们对职业活动最佳目标的追求和向往，是人们的世界观、人生观、价值观在职业活动奋斗目标上的集中体现。它是形成职业态度的基础，是从业者创造职业成就，实现职业目标的精神动力。

职业态度，即人们在一定社会环境的影响下，通过职业活动和自身体验所形成的对岗位工作相对稳定的劳动态度和心理倾向。它是从业者精神境界、职业素质的重要体现。例如：从业者在职业活动中礼貌待人、诚实守信、表里如一、做老实人、说老实话、办老实事等就是职业态度的具体表现。

职业义务，即人们在职业活动中自觉地履行对他人、社会应尽的职业责任。我国的每一个从业者都有维护国家和人民的利益，为人民服务的职业义务。就如医生对病人有救死扶伤的义务，教师对学生有教书育人的义务等一样。

职业纪律，即从业者在岗位工作中必须遵守的规章、制度、条例等职业行为规范。例如：汽车驾驶员严禁酒后开车，机关人员必须廉洁奉公、甘当公仆，公安、司法人员必须秉公执法、铁面无私等。这些规定和纪律要求，是从业者做好本职工作的必要条件。

职业良心，即从业者在履行职业义务中所形成的对职业责任的主观意识和评价能力，是从业者依据自己必须履行的道德要求，对自身的行为动机进行自我检查、对行为活动进行自我监督，对活动结果进行自我评价的能力。人们所从事职业岗位的职业义务不同，其职业良心的表现形式也往往不一样。例如：商业人员的职业良心是“诚实无欺”，医生的职业良心是“治病救人”。

职业荣誉，即社会对从业者职业道德行为的价值所作出的褒奖和客观评价，以及从业者在主观认识上对自己职业道德行为的一种自尊、自爱的荣辱意向。当一个从业者职业道德行为的社会价值得到社会的认可时，就会由此产生一种荣誉感。它是职业义务、职业责任、职业良心和职业行为的价值体现和价值尺度。

职业作风，即从业者在职业活动中表现出来的相对稳定的工作态度和职业风范。从业者在职业岗位中表现出来的尽职尽责、奋力拼搏、艰苦奋斗的作风等，都属于职业作风的范畴。它是一种无形的精神力量，对从业人员取得事业的成功具有重要作用。

职业技能，即指从业者从事职业劳动和完成岗位工作应该具有的业务素质，包括职业知识、职业技术和职业能力。职业技能是展示职业道德素质的重要平台。

三、职业道德的特征

职业道德作为职业行为的准则之一，在职业活动中所起的作用与其他职业行为准则对职业活动的影响不完全一样，它具有体现自身性质的鲜明特征。

1. 鲜明的行业性

只要有社会分工的地方，必然有行业差异性，也就有突出各自行业特征的道德要求。商业领域对从业者的道德要求是“公平买卖，童叟无欺”；教育行业对教师的职业道德要求是“教书育人，为人师表”，“传道、授业、解惑”；医务行业对医生的职业道德要求是“救死扶伤、治病救人”等。因而职业道德具有鲜明的行业性特征。

2. 适用范围上的有限性

一方面，职业道德只适用于走上职业岗位的成年人；另一方面，尽管职业道德也有共同的特征和要求，存在通用职业道德的内容，如敬业、诚信、互助等，但在某一特定的行业和具体的岗位上，必须有与该行业和该岗位相适应的具体的职业道德规范。这些特定的规范只在特定的职业范围内起作用，只能对从事该行业和该岗位的从业人员的行为起到约束作用，而不能对其他行业和岗位的从业人员起到规范和约束作用，例如“教书育人，为人师表”的职业道德要求不适用于医务工作者，而医务工作者“救死扶伤、治病救人”的职业道德要求不适用于教师。因此，职业道德的适用范围不是普遍的，而是特定的、有限的。

3. 表现形式的多样性

首先，受社会分工的影响，职业道德的存在和表现形式必然是多样的。经济的高速发展促使社会分工越来越细，越来越专。今天，行业种类并不限于古人归纳的 360 行，而是包括了成千上万行，这样，职业道德的内容也必然千差万别；其次，各行各业为了使职业道德在实践操作层面上更具有针对性和实效性，都根据自己的行业特点，归纳整理出适应本行业的行业公约、规章制度、员工守则、行为须知、岗位职责等，将职业道德的基本要求规范化、具体化、通俗化。这样，职业道德在形式上也表现出极其丰富的多样性特征。职业道德自身内容和存在形式的不断丰富，将使职业道德的多样性在新的历史时期得到进一步拓展。

4．一定的强制性

职业道德除了通过传统习惯、社会舆论和从业人员的内心信念对从业人员的职业行为进行调节之外，它的另一个最重要特征就是与职业责任和职业纪律紧密相连，具有一定的强制性。当从业人员违反了具有一定法律效力的职业章程、职业合同、职业责任、操作规程等，给企业和社会带来损失或危害时，职业道德就将用其具体的评价标准，对违规者进行处罚。轻则受到经济和职业纪律处罚，重则移交司法机关，由法律进行制裁，这就是职业道德强制性的表现所在。

5．相对的稳定性与连续性

职业的相对稳定性和延续性，决定了与反映职业特征相适应的职业道德也具有相对的稳定性和连续性，只要一定的职业连续存在下去，与这一职业相适应的职业道德就会延续并存在下去。如商业“童叟无欺”的职业道德、医务行业“救死扶伤、治病救人”的职业道德等，千百年来为从事这些行业的人们传承和遵守。

6．与物质利益具有直接关联性

当一些企业通用的职业道德规范，如爱岗敬业、诚实守信、团结互助、勤劳节俭等纳入具体操作层面时，企业一般都要将它与自身的行业特点、要求紧密结合在一起，变成更加具体、明确、严格的岗位责任或岗位要求，并制定出相应的奖励和处罚措施，与从业人员的物质利益挂钩，强调责、权、利的有机统一，便于对工作进行监督、检查、评估，有利于促进从业人员更好地履行自己的职业责任和义务。①

---

① 参见罗文东：《新时期职业道德读本》，第1章，北京，中国法制出版社，1999。

第二节　职业道德的历史发展

引入案例

把握职业变化的脉搏

时光流转，万事更迭。

倏忽之间，曾经盛极一时的许多事物早已进入历史的陈年流水簿，代之而起的一些令人眼花缭乱的新事物铺天盖地地展现在我们的面前。面对这种情况许多人得出结论："万事随缘。"如果我们给"缘"一个新解释的话，就是规律，利用规律，从而跟上客观事物发展的脚步，才能求得生存与发展。职业，这个给我们物质生活条件，让我们的理想变为现实的社会现象，同其他一切社会现象一样，是变化的、发展的。远的不说，前些年还活跃在一些偏远地区的接生婆已随着现代生育技术的普及而逐渐消失；曾几何时，为青年男女牵线搭桥的媒婆也不见了踪影。就是今天看来一些热门的职业，诸如银行柜台出纳员等，也将随着电子货币的日益普及而被计算机所代替。根据美国和以色列的一项研究表明，在未来50年的时间里，相当多的职业将被机器取代。他们预言，到了那时候直接从事物质生产活动的人只占总人口的2%，而98%的人则主要从事精神产品的生产。

人类已经进入了21世纪，随着新科技革命的不断深入，职业的生命周期大大缩短，在十几年、几年或者更短的时间里，许多职业会被淘汰，首当其冲的是那些技术含量低、简单重复劳动的职业，这是社会进步的显著标志。

漠视职业变化，无异于自我毁灭；把握时代的脉搏，踏着时代变化的轨迹，会使你的职业生涯青春永驻。

资料来源：詹万生、李书华主编：《职业的智慧》，22～23页。

职业的发展与职业道德的发展总是相伴而行的。职业的发展反映了历史进步的过程，职业道德也不例外，它是我们从事职业活动必不可少的条件，离开它的支撑，即使我们找到了自己喜欢并适合自身特点的职业，我们最终未必能够在职业道路上走得更远，获得事业的成功。因此，从历史的角度去考察职业道德的产生、发展、丰富和完善的进程，有助于我们认识和把握职业道德发展的历史必然性以及发展规律，自觉加强职业道德修养，以提高职业素养和职业竞争力。

一、职业道德的萌芽期——原始社会后期

职业、职业活动以及职业道德的产生都是以社会分工为基础的。在漫长的原始社会，由于生产力水平极为低下，社会不可能出现明确的社会分工，也不可能出现相对固定的职业划分，更不可能出现以职业分工为前提条件的职业道德。但随着人类社会进入原始社会后期，特别是社会的两次大分工，即农业和手工业的分工之后，农业和手工业在自己的劳动岗位上生产着特定的产品，为对方提供着所需的物品时，就自然而然地形成了两类从事不同职业的劳动者。农业生产者在田间地头种植谷物、蔬菜、水果，为手工业者提供着生存所需的食品；而手工业者则在自己的作坊中生产着金属工具、陶瓷用品和纺织品等，为农业生产者提供着日常生活用品。他们分别过着不同方式的劳作生活，进行着不同性质的职业实践活动，承担着不同的职业责任，因而也就形成各自不同的职业特征和职业利益，形成了不同的职业活动关系，逐渐萌芽了规范各自实践活动的职业道德要求，产生了能够调节职业活动和职业关系的行为

规范，这样，职业道德就应运而生了。

在这一时期，由于生产力水平低下，气候和地理条件非常恶劣，客观上迫使人们必须团结协作、共同奋斗才可能与猛兽作斗争，与自然灾害作斗争。这些客观现实条件使人们逐渐形成了团结协作、勇敢顽强、勤劳节俭、舍生忘死、朴素的集体观念和分配公平等美德。在我国，盘古开天地、女娲补天、后羿射日、神农尝百草、大禹治水等传说，就是这些美德的再现。这一时期的手工业者，生产产品的目的已经不完全是为了自己消费，而是为了交换生活必需品。交换的法则是“等价”交换。离开了这一法则，交换无法进行，也就无法在市场上把自己的产品卖出去以换回自己所需要的物品。这就迫使人们不断提高手工技艺，增加产品的品种，提高产品的质量，最大限度地满足更多人的需求。这样，真诚不欺、精雕细琢、精益求精就成为原始手工业者必须具备的职业道德。

在原始社会后期，无论是农业生产者的职业道德还是手工业生产者的职业道德，虽然对引导和促进生产的发展起到了积极的推动作用，但它们更多的只是一种约定俗成的朴素观念和风俗习惯，随着人类进入奴隶社会，这些观念才逐步明确并规范起来。

二、职业道德的形成期——奴隶社会

随着社会生产力的发展，特别是铁制工具在生产活动中的广泛使用，大大地提高了劳动生产能力，使社会不仅出现了生产的剩余产品，而且使剩余品逐渐增多起来。这为社会进一步分工提供了物质保障，社会就有能力承担并养活一些专门从事国家和社会管理，从事宗教、艺术、教育和军事等职业的人。这样，社会便出现了体力劳动和脑力劳动之间的分工。这种分工使阶级的产生成为现实，占有生产资料和剩余产品的人成为统治阶级，没有生产资料和剩余产品的人沦为被统治阶级。统治阶级为了维护自己的统治地位，不仅利用军队、警察和法庭等国家机器镇压被统治阶级的反抗，而且还通过统治阶级确立和认可的道德来调整社会的生活秩序。与此同时，统治阶级还制定了许多与社会生活紧密相关的职业道德规范，从职业外部到职业内部，调节职业之间的关系，以维护奴隶主阶级在经济、政治和文化方面的利益以及整个社会的生活秩序。在原始社会，除了传统的农业、畜牧业和手工业等职业外，还出现了官吏、军人、教师、医生、商人等职业。这一时期，对官吏提出了“恭、宽、信、敏、惠”（《论语·阳货》），即庄重、宽厚、诚实、勤敏、慈惠五种美德，同时也提出了“劳心者治人，劳力者治于人”的思想，其实质都是为了维护奴隶主统治特权而确立的职业道德；对军人提出的职业道德要求是“智、信、仁、勇、严”，即机智、守信、仁慈、勇敢、严厉五种美德；对教师提出的职业道德要求是“有教无类”（《论语·卫灵公》）、“不耻下问”（《论语·公冶长》）、“学而不厌，诲人不倦”（《论语·述而》）、“讷于言而敏于行”（《论语·里仁》）、“耻其言而过其行”（《论语·宪问》），并要求教授学生“礼、乐、射、御、书、数”等内容，让学生的德智体美得到全面的发展；对从医者提出的职业道德要求是“疏五过”“征四失”“坐起有常”“出入有行”，时时处处要求从医者讲求医德；对手工业者和商业活动参与者提出的职业道德要求是货真价实、和气生财、反对欺诈，“凡市伪饰之禁，在民者十有二，在商者十有二，在贾者十有二，在工者十有二”（《周礼·地官司徒》），必须被禁售。

奴隶社会在职业道德的内容、要求、具体规范上与过去相比有了较大的进步，并在一定程度上，把职业道德发展成为相对独立的意识形态，这种相对独立的意识形态作为阶级社会中人类职业道德的第一个历史形态，在原始社会的职业道德与阶级社会中的职业道德之间，起到了承上启下的作用。特别是被压迫和被剥削的奴隶阶级，在长期劳动中形成的诚实、敬业、正义、勤劳、坚韧、顽强、创新等职业品质，在人类的职业道德历史发展进程中，具有十分重要的地位和作用。它既是对原始社会传统道德的继承和发扬，又为后世职业道德的发展提供了可供借鉴的宝贵财富。但这一时期的职业道德深深地打上了阶级社会的烙印，带有明显的阶级局限性和历史局限性，这是需要摈弃的成分。

三、职业道德的发展期——封建社会

在奴隶社会职业道德形成的基础上，封建社会使职业道德进一步发展，把人类的职业道德推向了一个新的发展阶段，对新行业提出了更加明确而具体的行业要求。在封建社会中期，屠宰、酿酒、钟表等行业，大都建立了行会，制定了各种不同的职业规则和规章制度。同时，在一些传统行业，如官吏、军人、教师和医生等职业中产生了许多进步的思想。例如，为官从政者必须要忠君爱国、刚直不阿、清正廉明，并在社会上形成了对为官从政者进行强大舆论监督和评价的良好风气，百姓用这些职业道德要求对官吏的行为进行善恶评价，符合这一为官美德要求的被世人所褒扬，反之，则为人们所不齿，这种无形的监督方式，对为官者的言行起到了较为有效的监督作用。又如，从医者应该有高度的职业责任感，无论贫贱富贵一视同仁，诊治要专心、仁爱、文雅、谦恭、清廉、可信等；教师应该“传道、授业、解惑”（韩愈《师说》），这些教育思想至今仍然为人们所推崇；手工业者和商业者应该买卖公平、童叟无欺、保守工艺秘密、师徒如父子等。

总之，封建社会的职业道德规范与奴隶社会的职业道德规范相比，内容更丰富、行业性特征更突出、表现形式更加多样，是职业道德发展过程中的一个重要阶段。但是，封建社会的职业道德由于其阶级和历史的局限性，存在许多不足和缺陷。一是它把安于本分的职业道德看成是保护现有职业分工和封建统治长治久安的良方，认为只要百姓“安分守己”社会就会自然太平，从而抑制了创新和发展等职业精神的培育。二是职业道德的最终目的多是为了维护封建家长制的需要而形成。在封建社会中，许多职业以世袭的方式存在下来，技术和工艺多为父子秘密相传，职业道德也多以

“子受父训”的方式传承下来，从而形成了职业道德的家长制特征；即使没有血缘关系的师徒也深受“天、地、君、亲、师”的封建伦理思想影响，形成了“师徒如父子”的职业关系和职业道德规范。这样，职业道德中不符合时代发展的内容无法随着历史的进步和发展而得到及时的改进与更新。三是社会职业被分为了三、六、九等，做官是人们追求的最高价值目标，各种手工业者、医生、乐师等社会地位十分低下，特别是手工业者和商业从业者受到社会的广泛轻视，这些思想观念，成为抑制我国商业发展的最主要思想根源。

四、职业道德的成熟期——资本主义社会

从 18 世纪中叶开始，欧美一些资本主义国家逐渐出现以机器大生产代替手工劳动，以机器大工业代替工场手工业的重大变革，各种新机器的广泛应用、化学理论成果的转化与实际应用、汽车轮船的行驶、铁路的开通、电灯的发明、电报的出现等，使职业活动空前频繁，传统职业和职业道德得到了空前的发展，新的职业也空前增多，律师、新闻、科技、工程、场主、职业经理等新的职业大量出现。这些重大的变化使生产过程的专业化和社会化程度越来越高，并反过来进一步促进了社会分工和生产内部的职业分工向更宽、更深、更细、更高的方向发展，推动着社会生产以从未有过的速度向前发展着。因此，马克思、恩格斯在《共产党宣言》中指出：资产阶级在它不到一百年的阶级统治中所创造的生产力，比过去一切时代创造的全部生产力还要多、还要大。为了适应社会化大生产的客观要求，迫切需要更加丰富和完善的职业道德对所发生的新的职业关系和职业活动加以规范和调节。为此，在 19 世纪初，欧洲出现了大量地方性的职业行会，这些行会的主要任务在于制定行业规范并监督行业活动，其中，所制定的行业规范中不少是包含职业道德规章、守则和基本要求的内容。到 20 世纪中叶，世界性的职业行会或协会开始出现，这些行会和协会是在区域性行会基础

上的延伸和发展，对职业行为的规约范围更宽、更广，甚至更加专业化、具体化、明确化。职业道德在这一时期得到了快速发展，它对社会生产、生活的调节和促进作用越来越受到人们的广泛关注，一些企业和学者从应用伦理的角度开始对职业道德进行深入而广泛的研究，由此出现了以职业道德为专门研究对象的职业伦理学。特别是在 20 世纪中后期，随着职业道德不断向深度和广度发展，以具体职业为研究对象的行业性职业伦理学也如雨后春笋般地发展起来，职业道德的种类更多、内容也更加丰富、与经济利益和法律规范的结合更加紧密，更加注重职业道德规范的明确化、具体化和可操作性。职业道德逐渐发展为一种以职业道德基本理论为基础，多类别、多分支、相对独立的道德体系。

总之，资本主义的职业道德无论是在职业道德规范的种类，还是在职业道德的理论研究方面，都比过去任何一个社会形态的职业道德有了长足的进步，特别是在职业道德内容的深度上，它首先从管理伦理的角度关注到了人的价值，将“自由、平等、博爱”等思想嫁接到职业道德之中。它肯定并注重人身自由、否定封建的依附关系；肯定并注重人的平等权利，否定社会独裁和特权；肯定并注重博爱，发扬人道主义精神，否定非人道的管理和待遇。这些思想和精神对人们摆脱封建的枷锁均起到了巨大的推动作用，是职业道德的历史性进步。其次，在近几十年的发展过程中，西方国家的国家干预自由竞争经济程度逐渐深入，使自由竞争的无序状态正逐步向有序的市场经济演变，原来经济状况的混乱无序状态正逐渐得到纠正和改进，不断向注重公共福利和法律规章的有序化方向转变。这为社会职业道德的发展提供了先决条件，反映了社会职业道德发展的必然趋势。但由于资本主义社会阶级对立特性的存在，使得资本主义国家无论在法律、新闻还是商业等方面的职业道德，大多是为有钱人的经济利益和维护资产阶级的政治统治而服务。实践证明，在阶级对立的情况下，很难真正体现自由、平等、博爱等职业道德关系，在提倡诚实守信、货真价实、顾客至上的背后，仍然隐藏着唯利是图、尔虞我诈、投机取巧、囤积居奇、哄抬物价、以次充好等非道德现象，甚至出现发达国家向发展中国家进行劣质产品倾销和资源的掠夺性交易。这些非道德现象是我们在建设社会主义市场经济的过程中需要加以批判和抵制的。

五、职业道德的丰富和完善期——社会主义社会

社会主义制度的建立使职业活动的性质和意义发生了根本变化，为职业道德的发展提供了更为广阔的空间，职业道德进入了新的发展阶段。在社会主义条件下，职业成为体现人际平等、人格尊严和人的价值的重要舞台。职业的分工尽管还受到生产力发展水平的制约，但由于各种职业利益同社会的整体利益从根本上说具有一致性，因而从业者之间以及从业者与服务对象之间不存在根本的利益矛盾，职业和岗位的不同，只是分工的差别，而不是地位高低的差别。社会主义的职业道德继承了传统职业道德的优秀成分，体现了社会主义职业的基本特征，具有崭新的内涵。

1996年，党的十四届六中全会通过了《中共中央关于加强社会主义精神文明建设若干重要问题的决议》。《决议》指出，社会主义思想道德建设要以为人民服务为核心，以集体主义为原则，以爱祖国、爱人民、爱劳动、爱科学、爱社会主义为基本要求，深入开展社会公德、职业道德、家庭美德教育，在全社会形成团结互助、平等友爱、共同前进的人际关系。其中，社会主义的职业道德是指：爱岗敬业、诚实守信、办事公道、服务群众和奉献社会。职业道德的这五条基本规范，成为我国各行各业的从业人员在职业活动中都必须遵守的共同准则。

总之，职业道德是一个历史的范畴，它在原始社会后期出现萌芽，在奴隶社会初步形成，在封建社会得到发展，在资本主义社会逐步成熟，在社会主义社会得到极大丰富和完善，这是一个历史性的飞跃，它还将随着历史的进一步发展而不断向前发展。但阶级消亡以后，人类的道德，包括职业道德不仅不会消亡，反而会更加丰

富、完善，对人类的社会生活起到更加重要的调节作用。当我们从历史的角度了解了职业道德发展的全过程和历史必然性后，也应该从更加理性的角度来认识职业道德对社会生产和发展的作用，深刻领会它对从业人员形成正确的职业观、促进成功所具有的重要价值。①

第三节　社会主义职业道德建设

引入案例

践行社会主义职业道德的人民警察熊艺鲛

“您好！这里是110报警电话……”6月19日，熊艺鲛像往常一样来到了她工作的三尺接警台前，在受理300多起报警电话的工作中度过了她新婚的第二天。

同事们说，平常开朗、爱笑的熊艺鲛在受理处置案件时雷厉风行，像变了一个人。熊艺鲛解释：“接警是打击违法犯罪的第一个环节，我们的工作直接影响到案件的侦破，所以不敢有丝毫懈怠。”

2005年9月22日21时许，正在值班的熊艺鲛接到群众报警：3名女孩在重庆梁平县汽车站被拐骗，不法分子准备把她们拐到浙江。她当即记录下了3个女孩的外貌特征，立即通知梁平县公安分局。当地民警找遍了车站内外，都没有看见报警人所称的一男三女。半小时后，民警们了解到一条重要信息：确有一男三女在这里登上了一辆长途汽车，往万州方向去了，已离开梁平车站快一个小时。这条信息反馈到指挥中心后，熊艺鲛立即按处

① 参见罗文东：《新时期职业道德读本》，第2章。

置预案要求梁平警方驾车追赶远去的客车，同时通知万州区公安局设卡布控拦截。22 时 50 分，万州区公安局来电回复：该客车已在万州麻柳湾收费站被拦下。经警方突审，该男子交代：3 名女孩确系被他拐骗。仅仅几个小时，3 名被骗少女便被公安民警安全解救。

“报警人需要的，就是我要努力做到的。”这是熊艺鲛的工作信条。熊艺鲛在工作中还注重履行 110 社会联合行动职责，热忱为市民排忧解难，提供优质服务，做到了事事有回音、件件有着落。两年来，她共受理群众各类紧急求助 1 500 余起，其中解救溺水、触电、轻生自杀群众 65 名。

熊艺鲛说，有时报警群众一句“你们辛苦了”的真心问候，就可以卸掉她们一天的工作疲劳。“110 报警无小事，群众的小事就是 110 的大事。群众需要我们，我们的工作平凡但有价值，为 110 奉献青春年华，我无怨无悔。”

资料来源：崔佳：《重庆市公安局 110 接警员熊艺鲛：平凡岗位 亮丽青春》，载《人民日报》，2006-06-24。

社会主义职业道德是人类历史上一种新型的职业道德。社会主义职业道德就是指社会主义社会各行各业的劳动者在职业活动中必须共同遵守的基本行为准则。它是判断人们职业行为优劣的具体标准，也是社会主义道德在职业生活中的反映。由于社会主义事业是一个有机的统一整体，因此各行各业具有共同的职业道德规范。社会主义职业道德规范既是人们对各种职业道德关系和道德行为要求的概括和总结，也是所有从事社会主义事业的劳动者都应遵守的共同行为准则。

一、社会主义职业道德的基本特征

社会主义职业道德是人类历史上一种新型的职业道德，它是社会主义社会各行各业的劳动者在职业活动中必须共同遵守的基本行为准则，它是判断人们职业行为优劣的具体标准，也是社会主义道德在职业生活中的反映。与过去一切社会中的职业道德相比，社会主义职业道德有自身的独特性。

1. 继承性和创造性相统一

社会主义制度虽然是历史上最新型、最先进的制度，但反映社会主义生产关系和社会方式的职业道德，不是无源之水、无本之木。一方面，它在继承传统优秀道德的基础上，根据时代发展的要求和社会主义制度的特殊性，对传统职业道德进行整合，赋予它新的内涵；另一方面，根据社会主义生产方式的要求，也提出了新的职业道德要求，如全心全意为人民服务的道德要求。因此，社会主义职业道德反映了继承性和创造性的统一。

2. 阶级性和人民性相统一

社会主义的职业道德具有的鲜明的阶级性，其根本目的和任务在于反映工人阶级和广大劳动人民的根本利益，维护工人阶级和广大劳动人民的政治统治地位。在社会主义初级阶段，社会主义虽然从根本上消灭了剥削阶级和剥削制度，但其他非公有制成分将长期存在，社会主义职业道德这种鲜明的阶级性也必然会长期存在。同时，社会主义运动不仅仅是为工人阶级谋福利的运动，而是为绝大多数人谋利益的运动，工人阶级的利益与其他劳动群众的利益在根本上是一致的，它反映和体现的是全体人民的利益和意志，因此，它具有广泛的人民性，是阶级性和人民性的统一。作为反映、维护工人阶级和广大人民群众利益的社会主义职业道德，必然能够得到劳动人民的普遍认同和遵守。随着人类社会向共产主义社会的逐渐过渡，社会主义职业道德的阶级性将会逐渐减弱，人民性将会逐步增加，这是历史发展的必然趋势。

3. 先进性和广泛性相统一

社会主义职业道德反映了工人阶级与广大人民群众的利益和要求，因而具有先进性。社会主义职业道德的先进性表现在以下三个方面：第一，它是迄今为止对人类社会最先进的社会经济关系的反映，这一基本特征决定了社会主义职业道德是建立在平等基础之上的，有适应社会主义现代化建设需要的锐意进取、勇于竞争、用户至上、质量为本、竞争与协作共存、勤俭节约、艰苦奋斗、团结协作、爱岗敬业、诚实守信、办事公道等内容。这使得社会主义的职业道德不仅在内容上极为丰富，而且在属性上具有先进性。第二，它在马克思主义的指导下，批判地吸收了人类历史上职业道德的优良传统，消除了剥削阶级职业道德中的不合理因素，使之成为至今为止既能够反映现存经济关系，又着眼于人类社会未来发展的新型道德，宣扬并提倡全心全意为人民服务的共产主义道德，激励更多的人为实现共产主义的美好理想而奋斗。第三，从我国的政治、经济、文化、公民受到的教育程度和道德等方面的实际情况出发，承认人们认识、思想、道德方面存在的差异，确立了适应不同思想道德境界、不同行业和职业特点的多层次道德要求，即对领导干部和共产党员的要求，对普通劳动者的要求，对个体经营者、私营经济和外资企业经营者的要求是不完全一样的，体现着由高到低的不同层次，这些不同的层次之间既有区别又有联系，是社会主义职业道德体系的有机组成部分。因此，社会主义职业道德的广泛性和层次性之间有着内在的一致性，二者有机统一，才能充分发扬社会主义职业道德的基本功能和作用。

虽然社会主义职业道德具有先进性的特征，但由于社会生活中还存在着非社会主义性质的职业道德现象，甚至是一些腐朽没落的道德现象，有的现象披上了一层伪善的外衣，使我们难以辨别真假好坏。因此，对社会主义职业道德先进性的评价应该有一个可以衡量的客观标准。这个客观标准就是要有利于解放和发展社会主义生产力，有利于国家的统一、民族的团结和社会的进步，有利于追求真善美、抵制假恶丑、弘扬正气，有利于帮助公民履行自己的权利和义务，以开拓创新、锐意改革的精神和诚实守信、无私奉献的品德创造美好生活。只有符合这些基本要求，才能真正体现出社会主义职业道德的先进性。①

二、为人民服务是社会主义职业道德规范体系的核心

社会主义职业道德有相对独立的规范体系。在以公有制为主体的社会主义社会，人们拥有共同的利益，党和政府、企业以及全社会的每一个成员都非常关心职业道德，全社会都迫切要求提高社会职业道德的水平。在这种情况下，全社会共同的职业道德规范就形成了。社会主义职业道德规范体系的形成为人们深刻理解和把握社会主义职业道德，提供了思想路标。

《中共中央关于加强社会主义精神文明若干问题的决议》规定了我们今天各行各业都应共同遵守的职业道德五项基本规范，即“爱岗敬业、诚实守信、办事公道、服务群众、奉献社会”。而为人民服务就是社会主义职业道德的核心规范，它是贯穿于全社会共同职业规范之中的基本精神。

全社会共同的职业道德规范与职业道德核心规范的形成，使社会主义职业道德有了相对独立的体系。其主体部分包括三个层次：

第一层次是各行各业具体的职业道德要求，它所强调的具体职业规范特点比较明显，并且带有强烈的可操作性和历史继承性。它只适用于本行业、本企业、本部门内部。这一层次的具体规范十分庞杂，只能由各行各业自己去制定。

第二层次是各行各业共同遵守的五项基本规范，即爱岗敬业、诚实守信、办事公道、服务群众、奉献社会。这五项基本规范虽然不具有具体职业的特点，但它是介于社会主义职业道德核心规范与具体行业道德规范之间的职业行为准则。它既概括了各行各业职业道德的共同特点，同时也是对各行各业提出的共同要求。它所反映的是社会的公共利益，而不是各行各业从业人员的自身利益，它是为人民服务核心规范的具体化。因此只有按照这些基本规范去做，

① 参见罗文东：《新时期职业道德读本》，第2章。

其职业行为才能符合人民群众的意愿。

最高层次是社会主义职业道德的核心规范——为人民服务。它是从业人员在进行具体职业活动中应该遵守的最根本准则，是进行职业活动的根本指导思想。它既是每一项职业活动的出发点，也是每一项职业活动的落脚点。

三、集体主义是社会主义职业道德规范的基本原则

所谓原则，指的是人们行为所依据的准则，带有根本性，具有对全局的统率、指导作用和对是非进行判断的标准作用。就道德建设而言，我们可以把道德看作是由许多道德规范构成的一系列道德要求的总和，而在这些道德规范中，必然要有一个贯穿始终的道德基本原则（简称为道德原则）。可以这样说，一个社会的一切道德规范和道德要求，都是这一社会的道德原则的具体运用和全面展开。道德的基本问题，是个人利益与社会利益的关系问题。道德原则，就是基于对社会生活中个人利益与社会利益之间矛盾的认识，进而形成的处理这种矛盾的指导原则，它从总体上回答了个人利益与社会利益的关系问题。任何一种道德原则，都是这种道德本质和历史特点的集中反映，因而对这种道德的体系构成和实践，对所有的道德规范和道德要求都具有指导性和约束力。

就社会主义道德总体而言，集体主义作为社会主义道德建设的原则，是社会主义经济、政治和文化建设的必然要求。在社会主义社会，人民当家做主，国家利益、集体利益和个人利益根本上的一致，使集体主义成为调节三者利益关系的重要原则。集体主义作为社会主义道德建设尤其是公民道德建设的原则，就是要把集体主义的精神渗入社会生产和生活的各个层面，引导人们正确认识和处理国家、集体、个人的利益关系，提倡个人利益服从集体利益、局部利益服从整体利益、当前利益服从长远利益，反对小团体主义、本位主义和损人利己、损公肥私，把个人理想与奋斗融入广大人民的共同理想和奋斗之中。

在社会主义市场经济条件下，能否正确地看待和妥善地处理好个人利益的问题，不但在繁荣经济、发展生产力、增长社会物质财富等方面起着决定的作用，而且也是社会主义道德建设能否取得成功的一个关键。从社会主义制度的根本性质和目的来看，在社会主义建设的整个过程中，我们都应当强调，必须发挥为社会、为国家、为集体的“为人民服务”思想，实行社会主义的集体主义原则，只有这样才能保证我们的现代化建设能够沿着社会主义道路，顺利、健康地向前发展。为此，在实行社会主义市场经济的新情况下，如何使个人利益和集体利益更好地结合起来，是一个在理论和实践上，都必须要妥善解决的问题。在社会主义社会中，从根本上说，个人利益和集体利益是一致的。社会主义的集体利益，体现着社会主义社会中全体人民的共同利益，体现着每个公民的长远利益。集体利益、国家利益和社会利益的不断发展和壮大，为个人利益的发展和实现创造了更加有利的条件；而正当的个人利益发展，是集体利益、社会利益和国家利益发展的重要保证。在社会主义市场经济条件下，不但要在经济上给个人的正当利益以合法的地位，而且还应当在道德上给予其必要的肯定。

在职业领域内，职业道德是社会主义道德核心、道德原则和基本要求的体现，也是社会主义道德建设的着力点和主要内容。职业道德的基本原则是特定社会形态中职业道德体系的基本纲领和支撑脊梁，也是民族精神和时代精神的集中体现。作为特定社会形态中占主导地位的职业关系和经济利益关系的反映，职业道德原则自始至终贯穿于该社会道德发展的各个领域和各个方面，提纲挈领地规定和指导着人与社会、人与集体、人与人之间存在的职业关系以及人们职业活动的前途方向，因而它是区分职业道德类型的重要标志。

在我国社会主义市场经济不断发展的今天，各行各业的职业行为规范各有差别，但集体主义的确是各个特定职业领域所必须贯彻的职业道德基本原则。因为，集体是由一定的权利义务关系和组织系统联系起来的各种社会共同体。共同的利益、共同的组织、共同的目标是构成集体的三大要素。而集体主义原则是正确处理从业者个人与集体之间利益关系的核心原则。

第一，它要求各行各业乃至每个从业者坚持集体利益高于个人利益，整体利益高于局部利益，自觉地为集体尽义务、作贡献。在我们的社会里，集体利益是个人利益的集中体现，既代表着广大劳动人民的眼前利益，又代表着他们的长远利益。因此，我们的职业道德原则要求把集体的共同利益放在第一位，以绝大多数人的最大利益为出发点和归宿。特别是当从业者的个人利益和集体利益发生矛盾冲突时，个人利益要服从集体利益，局部利益要服从全局利益，甚至在必要时应不惜牺牲某些个人利益和局部利益，以维护集体的利益。

第二，集体应真正代表和凝聚广大从业者的利益，为人们的生产、生活创造现实条件，以保证个人的正当合法权利不受侵犯，并努力使个人的才能和个性得到充分的发展。正如马克思、恩格斯所说，集体利益“决不是作为一种具有独立历史的独立力量而与私人利益相对抗”①。集体对个人利益的包含量越大，它所拥有的群众性基础也就越宽广、越深厚。我们所提倡的集体主义，把维护和促进群众的个人利益作为集体的责任和义务，充分调动全体劳动者的积极性和首创精神，以创造更多的物质和精神财富，推动国家的发展和社会的进步。当今的职业道德理论和实践，都已明确肯定了人们追求正当个人利益的合理性，并把保护职工群众的合法利益，鼓励人民依靠诚实劳动、合法经营走向富裕作为职业道德的一项基本要求。

第三，以集体主义为原则的职业道德提倡从业者个人利益、行业集体利益的合理配置，以求得两者之间的统筹兼顾与共同发展。在从业者个人利益同行业集体利益发生矛盾时，集体也应当调整某

---

① 《马克思恩格斯全集》，中文1版，第3卷，276页，北京，人民出版社，1960。

些政策和措施，尽可能地兼顾集体和个人。在社会主义条件下，集体和个人在利益上并不是非此即彼根本冲突的，绝大多数个人利益和集体利益之间的矛盾是可以经过改革、调整达到缓和甚至消除，从而使两者有机地结合起来的。在处理集体和个人的关系时，不能只顾一头，必须兼顾集体和个人两个方面，提倡以集体利益和个人利益相结合的原则为一切言论行动的标准。

集体利益只有在保证和满足人民群众个人利益的基础上，才能得到巩固和发展。没有集体利益的发展和集体利益的价值实现，也不可能有个人利益和个人价值的实现。同样，只有使每个从业者的活力和能动性得到充分发挥，集体才能成为坚强有力和充满活力的集体。从业者的个人利益、行业集体利益的辩证统一，赋予集体主义道德原则强大的生命力，使之能够更好地协调人们的职业关系和职业活动，以形成强大的凝聚力和向心力。

坚持集体主义的职业道德原则，就必须反对个人主义。个人主义的职业道德原则与集体主义道德原则是根本对立的。自从私有制产生以来，个人主义的思想观念就存在着，但作为一套完整的伦理道德体系，它是伴随着资本主义商品经济的发展，由资产阶级思想家提出来的。个人主义把自私自利说成是人的普遍的、永恒的本性，把个人与社会、个人与集体的利益从根本上对立起来。以个人利益和个人幸福作为最终出发点和归宿，而把他人和社会看做是达到个人目的之手段。更有甚者，将他人和社会视为实现个人利益的障碍。个人主义只顾个人不顾社会、只顾片面不顾全局的行为，势必造成对人类生产秩序、生活秩序的破坏，其后果是不堪设想的。我们在职业生活中坚持集体主义职业道德原则的同时，必须坚决反对个人主义。

总之，集体主义支撑着我国职业道德的宏伟大厦，体现着我国社会主义职业道德的主旋律，是我们在工作中所必须坚持的职业道德原则。

本章小结

本章是职业道德的基本概述，主要内容包括以下几部分：

1. 职业道德，即在一定的社会经济关系中，从事各种不同职业的人们在其特定职业活动中所应遵循的职业行为规范的总和，是从业者在职业活动范围内应当遵守的与其职业活动相适应的行为规范，是一定社会中道德基本要求在不同的职业活动中所表现出的特定行为规范。它主要体现在职业理想、态度、义务、纪律、良心、荣誉、作风等方面。

2. 职业道德具有六方面的特征：鲜明的行业性，适用范围的有限性，表现形式的多样性，一定的强制性，内容的相对稳定性和连续性，与物质利益的关联性等特点。

3. 道德的形成和发展经历了一个漫长的历史过程，主要表现为五个阶段：原始社会是职业道德形成的萌芽阶段；奴隶社会是职业道德的形成阶段；封建社会是职业道德的发展阶段；资本主义时期是职业道德的成熟阶段；社会主义时期是职业道德的丰富和进一步发展、完善阶段。

4. 社会主义职业道德就是指社会主义社会各行各业的劳动者在职业活动中必须共同遵守的基本行为准则。它是判断人们职业行为优劣的具体标准，也是社会主义道德在职业生活中的反映。社会主义职业道德规范既是人们对各种职业道德关系和道德行为要求的概括和总结，也是所有从事社会主义事业的劳动者都应遵守的共同行为准则。

5. 社会主义职业道德的基本特征，即：继承性与创造性相统一，阶级性和人民性相统一，先进性与广泛性相统一。

6.《中共中央关于加强社会主义精神文明若干问题的决议》规定了我们今天各行各业都应共同遵守的职业道德五项基本规范，即“爱岗敬业、诚实守信、办事公道、服务群众、奉献社会”。而为人民服务就是社会主义职业道德的核心规范，它是贯穿于全社会共同职业规范之中的基本精神；集体主义是社会主义职业道德规范的基本原则。

思考题

案例一

全球假药泛滥成灾

假药轻则无效，重则对人体产生伤害，甚至有致命危险。世界卫生组织 2003 年 11 月 11 日警告说，目前全球范围内假药制售不断泛滥，杜绝制售假药是一个“长期目标”，各国应该致力于加强相关法律的制定，逐渐完善药品监督机制，并向公众宣传假药的危害性。

世界卫生组织 1999 年 1 月至 2000 年 1 月进行的调查显示，全球药品市场上的假药，有 40%在发达国家，60%在发展中国家。目前发展中国家的患者使用的药物有高达 25%属假冒药品或不符合药品标准，其中有相当部分药品是用来治疗疟疾、肺结核、艾滋病等疾病的。这项调查称，全球每年有 100 万人死于疟疾，如果所使用的治疗药物质量优良，服用方法正确，那么其中有 20 万人能够得救。

资料来源：丁喜刚：《全球假药泛滥成灾》，载《人民日报》，2003-11-11。

1. 根据案例，分析说明假冒伪劣商品对人们生活和健康的影响。

2. 根据案例，分析说明在建设社会主义市场经济的过程中，加强职业道德建设的重要意义。

案例二

致加西亚的信

100 年来，《致加西亚的信》一书以不同的方式在全世界广泛流传，成为有史以来最畅销的书籍之一。2000 年它被美国《哈奇森年鉴》和《出版商周刊》评选为有史以来世界最畅销图书第 6 名。该书所推崇的关于敬业、忠诚、勤奋的思想观念影响了一代又一代人，一个又一个国家。也许这是一本不合时宜的书。当整个世界都在谈论着“变化”“创新”等时髦的概念时，重提“忠诚”“敬业”“服从”“信用”之类的话题未免显得过于陈旧。然而，我们却又无法回避，员工的忠诚、敬业、道德风险无时无刻不在困扰着公司、企业的管理者们，我们所面临的变化也带走许多有价值的东西，包括那些经济起飞所依赖的基本商业精神——信用、勤奋和敬业。以下文字摘自《致加西亚的信》一书。

在一切有关古巴的事件中，有一个人最让我忘不了。

美西战争爆发后，美国必须立即跟西班牙的反抗军首领加西亚取得联系。加西亚在古巴丛林的山里——没有人知道确切的地点，所以无法带信给他。然而，美国总统，必须尽快地获得他的合作。

怎么办呢？

有人对总统说：“有一个名叫罗文的人，有办法找到加西亚，也只有他才找得到。”

他们把罗文找来，交给他一封写给加西亚的信。关于那个名叫罗文的人，如何拿了信，把它装进一个油纸袋里，封好，吊在胸口，3 个星期之后，徒步走过一个危机四伏的国家，把那封信交给加西亚——这些细节都不是我想说明的。我要强调的重点是：美国总统把一封写给加西亚的信交给罗文，而罗文接过信之后，并没有问：“他在什么地方？”

像他这种人，我们应该为他塑造不朽的雕像，放在每一所大学里。年轻人所需要的不只是学习书本上的知识，也不只是聆听他人种种的指导，而是更需要一种敬业精神，对上级的托付，立即采取行动，全心全意去完成任务——“把信送给加西亚”。

加西亚将军已不在人间，但现在还有其他的加西亚。凡是需要众多人手的企业经营者，有时候都会因一般人无法或不愿专心去做一件事而大吃一惊。懒懒散散、漠不关心、马马虎虎的做事态度，似乎已经变成常态；除非苦口婆心、威逼利诱地叫属下帮忙，或者奇迹出现，上帝派一名助手给他，否则，没有人能把事情办成。

…………

我认识一个极为聪明的人，他没有自己创业的能力，而对别人来说也没有一丝一毫的价值，因为他老是疯狂地怀疑他的雇主在压榨他，或存心压迫他。他无法下命令，也不敢接受命令。如果你要他送封信给加西亚，他极可能回答："你自己去吧。"

…………

我钦佩的是那些不论老板是否在办公室都会努力工作的人，我也敬佩那些能够把信交给加西亚的人。静静地把信拿去，不会提出任何愚笨的问题，也不会随手把信丢进水沟里，而是不顾一切地把信送到。这种人永远不会被解雇，也永远不必为了要求加薪而罢工。文明，就是焦心地寻找这种人才的一段长远过程。这种人不论要求任何事物都会获得。他在每个城市、村庄、乡镇，以及每个办公室、商店、工厂，都会受到欢迎。世界上急需这种人才，这种能够把信送给加西亚的人。

资料来源：阿尔伯特·哈伯德：《致加西亚的信》，哈尔滨，哈尔滨出版社，2002。

1. 根据案例，如果你是罗文，你能把信送给加西亚吗？

2. 根据案例，谈一谈这段材料对社会主义市场经济条件下的道德建设有何启示？

第二章

职业道德的意义与作用

本章引言

在人类的道德文明中，职业道德具有极其重要的地位和作用，尤其是在现代社会，职业道德已经成为一种有代表性的、起中坚作用的主导型道德，它对于个人的发展，对于企业的成功，乃至对于整个社会的进步都具有不可替代的重要意义和作用。

本章学习目标

- 理解职业道德对于人自身发展的意义和作用
- 把握职业道德与企业发展之间的关系
- 了解职业道德与社会发展之间的关系

第一节 职业道德与人自身的发展

引入案例

大学生就业后被辞退的思考

2004年11月13日《中国青年报》报道，重庆某公司在2004年7月，招聘了21名大学生。令人惊讶的是，在随后不到4个月的时间里，该公司陆续辞退了其中的20名本科生，仅仅留下了1名大专生。

第一批被公司辞退的是2名来自某重点大学计算机专业的学生。他们在第一次与客户谈完生意后，将3万多元的设备遗忘在出租车上。面对经理的批评他们说："对不起，我们是刚毕业的学生。学生犯错是常事，你就多包涵吧。"第3个被公司辞退的是一名本科毕业的女学生，喜欢睡懒觉，上班经常迟到，还在工作时间上网聊天。另有3名大学生与客户吃工作餐时大声喧闹。席间，一名男生张嘴吐痰，一口痰刚好吐在了客户的脚边。

有一次，公司领导带领员工到外地搞促销，在海边租了一套别墅，有20多间客房，但员工有100多人，很多老员工、甚至领导都只能睡在过道上。而有些新来的大学生却迅速给自己选定好房间，然后锁上房门独自看电视。这些大学生好几次走出房门看见长辈睡在地上，却视而不见，不吭一声。

最后被开除的是1名男生，他没有与对方谈妥业务就飞到南京，让公司白白花了几千元的机票钱。当领导问及此事，他却说："我没错，是他们变卦，你是领导我也不怕。"就这样，3个多月下来，公司招聘的21名大学生中，有20人因责任心不强、缺乏敬业意识等违背职业道德行为被公司辞退。该公司仅留用了一位女大专生，其原因是该生工作责任心强、爱岗敬业、工作勤奋、职业道德素质较高。

资料来源：田文生、熊黎：《素质和修养太差 二十名大学生被重庆一公司开除》，载《中国青年报》，2004-11-13。

一、职业道德是个人安身立命于职场的思想基础

古人云：君子爱财，取之有道。这个“道”，就包括遵守市场规则和职业道德的准则，以符合职业道德和职业准则的职业态度和职业行为去谋求生存，发财致富，才是正当的，才能使个人职业生涯善始善终。可以说，职业道德是个人安身立命于职场的思想基础。

人的一生大约有 1/3 的时间是在职业生活中度过的。一个人生存和发展所需要的各种物质条件以及一个人道德品质的形成和培养，与他在职业活动中的实践是分不开的。一个人能否立足于职场而获得长久的生存和发展，常常不在于他是否具有优越的客观条件，而在于他是否具备和遵守从事某一项职业所必需的职业道德。职场活动中的失职、懒惰、自私、虚伪等，往往使人碌碌无为甚至身败名裂；而职场活动中的尽职尽责、廉洁奉公、诚实公道则使人不仅在生活而且在成才和事业的道路上不断前进。职业道德层次的高低，直接影响到个人能否胜任本职工作。而一个职业人能否做好本职工作，也取决于他是否热爱所从事的职业，是否有工作热情，是否有克服一切困难做好本职工作的坚定意志，是否有全心全意服务于他人和社会的信念，是否有良好的职业道德行为。可见，良好的职业道德修养是做好本职工作的保证，也是立足职场的基础。我们从事职业活动，既是对社会承担职责和义务，又实现着自我生存和自我发展。而正是职业道德所特有的职业认识功能、职业激励作用和职业沟通职能，使具备和遵守它的职业人获得稳定的工作机会，取得个人生存发展的物质条件，同时也促进了个人思想的提高与完善。可见，职业道德在职业人的生存与发展过程中发挥着重要而积

极的作用，是个人安身立命于职场的思想基础。

二、职业道德是个人事业成功的保证

现代社会，职业道德在人们的事业中所起的作用越来越突出。现代成功学的研究表明：一个人事业的成功，20％取决于专业技术，80％取决于职业精神品质。职业精神品质包括敬业、诚信、勤俭、公正、团队协作、创新和奉献等内容。它对促进从业人员做好本职工作、实现职业理想具有重要的推动作用。

1. 良好的职业道德有利于增强个人的职场竞争力

良好的职业道德能够使我们符合用人单位的需求和职业岗位的需要，从而能够增强个人在激烈就业竞争中的竞争力。其一，职业道德有助于个人树立正确的择业观与创业观。由于外界各种因素的负面影响，一部分人在选择职业和创业过程中容易发生观念偏差，从而影响自身的职场竞争力。例如，在拜金主义思潮的影响下，以薪水的高低、利润的多少作为唯一的择业标准，以获利的多少作为是否敬业、是否提高服务质量的标准等。在这种错误择业观和创业观的指导下，一个人或许在短期内能够获取暂时的个人利益，但不可能获得长期、稳定的职场竞争力。其二，用人单位倾向于录用职业道德修养较高的人。在社会主义市场经济条件下，从用人单位角度来看，其所选用的职员必然是能为本单位带来利润的人。而职业道德修养能促进从业人员自身综合素质的提高，从而为用人单位带来更多的利润。因为，一方面，员工良好的职业道德修养，使他们忠于职责，兢兢业业工作，对顾客耐心热情、服务周到，促进单位经济和社会效益的提高。另一方面，从业人员良好的职业道德修养，还会影响到产品的品牌信誉和单位的形象，从而形成无形的社会资源。因此，在职场竞争中，具备较高职业道德修养的人都非常受用人单位的欢迎，它是增强个人职场竞争力的有效保证。

2. 良好的职业道德有利于树立职业理想

所谓职业理想是指人们对自己未来职业的选择及对与此相关的

人生价值的向往与追求。在人的成长过程中，在社会环境的影响下，个人随着知识水平和爱好兴趣的发展，会逐步培养起对某种职业的爱好，并在此基础上形成一定的职业理想。职业理想包括初级、中级和高级三个层次。

初级层次的职业理想是指人们对未来职业的期待，主要基于提高物质水平的考虑。在现阶段生产力水平下，劳动还只是人们谋生的手段，远没有达到共产主义社会那种“劳动是人的第一需要”的程度，因此，对大部分人来说，其工作目的首先是为了维持自己和家庭的生存，过安定的生活，这是人对职业的最初动机、最低要求，是职业理想的基本层次。中级层次的职业理想是指人们希望未来的职业或工作能够适合个人的能力和爱好，充分发挥并提高自己的各种素质，即希望寻求和从事能够发挥专长的职业。其主要目的是通过特定的职业，施展个人的才智，其基本特征是注重职业与自身兴趣、爱好之间的关系，注重将个人兴趣与职业发展紧密联系起来，属于职业理想的中间层次。高级层次的职业理想是指人们工作的目的是承担社会义务，通过社会分工把自己的职业与为社会、为他人服务联系起来，与人类的前途和命运联系起来。这种职业理想，通常与个人的社会理想相联系，基本特征是注重职业的社会价值，不仅注重个人在职业活动中对社会作出的贡献，在贡献中实现自己的人生价值和人格完善，而且关注职业部门的发展与强盛。它是职业理想的最高层次。高级层次的职业理想反映了社会主义价值观对职业人的客观要求，是社会主义职业理想的本质特征。

职业理想三个层次的内容和要求虽然有明显的区分，但是，在一个人身上，它们却可以同时存在，并行不悖。在个人职业道德修养的形成过程中，我们应该根据实际情况，肯定前两个层次的职业理想，同时注重培养自己树立高层次的职业理想，因为树立高层次的职业理想符合和体现着中国特色社会主义社会对职业人的根本价值要求。正如马克思在中学毕业时说过的那样，我们在选择职业时所应遵循的主要方针是人类的幸福和我们自身的完善。“如果我们选择了最能为人类福利而劳动的职业。那么，重担就不能把我们压倒，因为这是为大家而献身；那时我们所感到的就不是可怜的有限的自私的乐趣，我们的幸福将属于千百万人，我们的事业将默默地但是永恒发挥作用地存在下去。”①

立足于现实的职业理想，能够为人们的职业活动提供精神动力，促进事业的成功。树立一定的职业理想，就能够为我们确立一个明确的奋斗目标，为我们的事业成功提供强大的精神动力。在未来的人生道路上，要获得个人事业成功，站在哪里不重要，重要的是下一步打算去哪里；如果我们不知道下一步迈向哪里，那我们哪儿也去不了。正如一个射手，纵使有着“百步穿杨”的本领，如果找不到射击的目标，又怎能施展本领、获得成功？

需要指出的是，个人事业的成功，表面上是指个人通过艰苦奋斗实现了自己的职业理想，并获得了社会给予的比一般人更多的物质报酬或精神奖励；而更深层次看，是指个人通过努力最大限度地实现了自己的人生价值。在当代中国，衡量个人事业成功的标准，不仅要看他获得了多少社会财富或拥有怎样高的社会职务与地位，更重要的是看其对社会发展所做出的贡献大小，贡献越大，价值越大。这就是说，衡量一个人是否真正获得了事业成功，主要看他在职业活动中，付出了怎样的努力，以及通过这种努力，对社会的发展与进步做出了多大的贡献。因此，我们在职业活动中，要不断超越自我，获得更大的或真正意义上的成功，必须树立崇高的职业理想。

良好的职业道德对于人们树立崇高的道德理想，促进个体不断超越自我、实现人生价值具有非常重要的促进作用。社会主义职业道德的基本内容是“爱岗敬业、诚实守信、办事公道、服务社会、奉献社会”，按照这一要求，从业人员在职业活动中，要认真履行职业责任，积极承担社会义务，做好本职工作；要努力把个人的发展与国家和社会的进步结合起来，积极发挥自己的聪明才智，为社会创造更多的物质财富与精神财富；要随着个人的发展与事业的进

① 《马克思恩格斯全集》，中文1版，第40卷，7页，北京，人民出版社，1982。

步，不断提升职业道德境界，不断超越自我，担负起更多的社会责任和社会义务。而要做到这一切，就必须努力加强自己的职业道德修养，培养和形成良好的道德品质。

三、职业道德是实现人的全面发展的主要途径

职业道德品质是现代职业人职业化素养的核心内容，对促进人的思想道德全面提升和人格升华具有积极的促进作用。

1. 良好的职业道德有助于提高个人的综合素质

个人的综合素质，既包括思想素质、道德素质，又包括业务素质等内容。良好的职业道德，不仅有助于个人思想素质和道德素质的提高，而且有助于职业人业务素质的增强。其一，职业道德使人们在家庭和学校中初步形成的道德观念和道德品质在职业生涯中获得进一步提高，并趋向成熟，逐渐形成个人的道德人格和道德理想。通过职业道德修养，使个人认识到社会主义条件下，职业没有高低贵贱之别，只要是为他人、为社会服务的职业，都是高尚的。职业人认识到自己所从事职业的社会价值，就会增强对所从事职业的认同感、自豪感，时刻自觉维护、增强企事业单位的声誉和形象。其二，加强职业道德修养，有助于提高个人的业务素质。在建立了职业认同感、自豪感的基础上，从业人员对本职工作充满热情，发愤图强，主动提高自身包括业务素质在内的综合素质。

2. 职业道德还有利于培养个人的创新精神

江泽民曾说："创新是一个民族进步的灵魂，是国家兴旺发达的不竭动力。"① 改革创新更成为当前我国时代精神的核心。当今各国之间的经济竞争、国力竞争深刻表现为一场世界范围内的"创新战"，创新已不只是对科技工作者的要求，而是对全体劳动者的共同要求。职业道德在培养劳动者的创新精神、提高民族创造力方面起着十分重要的作用。职业活动是人们社会生活中最基本、最普

① 《江泽民文选》，第1卷，432页，北京，人民出版社，2006。

遍、最主要的实践形式，为个人的自由全面发展提供了舞台，同时也是个人全部才能自由发展的创造性表现。在人们的职业活动中经常会遇到许多前人没有遇到过的问题，职业道德的激励作用能够促使职业人在职业活动实践中不满足于现状、不满足于按部就班地机械工作，而是以一种创新精神，充分发挥自己的聪明才智，去发现新事物，探索新规律，创造出一个又一个前所未有的人间奇迹。古今中外的诸多事实说明，任何一项事业都需要通过千百万人的共同创造才能获得成功，离开了千百万人的共同创造，无论多么美妙的理想都不过是雨后彩虹，可望而不可即，现代社会的社会化大生产更加证明了这一点。正是职业道德的教育功能和激励作用能够将个人的创造力融合在一起，形成巨大的民族创造力。

因此，如果想在职业生涯中实现自我全面发展，成为“一个高尚的人，一个纯粹的人，一个有道德的人，一个脱离了低级趣味的人，一个有益于人民的人”①，我们就必须不断加强职业道德方面的学习，提升自己的职业道德水平。正如马克思所言：“人们只有为同时代人的完美、为他们的幸福而工作，才能使自己也达到完美。”② 因此，职业道德是实现人的全面发展的主要途径。

第二节　职业道德与企业的发展

引入案例

“金字招牌”长盛不衰的同仁堂

北京同仁堂是中药行业著名的老字号，创建于清康熙八年(1669 年)，在三百多年的历史长河中，历代同仁堂人恪守“炮制

① 《毛泽东选集》，2 版，第 2 卷，660 页，北京，人民出版社，1991。
② 《马克思恩格斯全集》，中文 1 版，第 40 卷，7 页。

虽繁必不敢省人工，品味虽贵必不敢减物力”的传统古训，树立“修合无人见，存心有天知”的自律意识，确保了同仁堂金字招牌的长盛不衰。自雍正元年（1723 年）同仁堂正式供奉清皇宫御药房用药，历经八代皇帝，长达 188 年，造就了同仁堂人在制药过程中兢兢业业、精益求精的严细精神，其产品以“配方独特、选料上乘、工艺精湛、疗效显著”而享誉海内外。

同仁堂商标已参加了马德里协约国和巴黎公约国的注册，受到国际组织的保护，同时，在世界 50 多个国家和地区办理了注册登记手续，同仁堂的著名商标和优秀品牌已成为同仁堂集团不断发展的特有优势。近年来，同仁堂以年均 20%以上的速度增长，2005 年资产总额 70 亿元，销售额 54 亿元。同仁堂之所以拥有如此显赫的成绩，这与同仁堂从创建起，就有德、诚、信的崇高经营思想和文化理念是分不开的。

德——养生济世的经营宗旨。同仁堂创业之初就有“可以养生、可以济世者，唯医药为最”的择业思想，历代继业者都谨记“养生”“济世”的使命。在北京大栅栏同仁堂药店的店堂中悬挂着一幅“同气同声福民济世，仁心仁术医国医人”的对联，这正是他们经营宗旨的完美体现。

诚——精益求精的敬业精神。“炮制虽繁必不敢省人工，品味虽贵必不敢减物力”是同仁堂几百年来不变的制药原则。同仁堂的中成药要经过上百道工序，每道工序都有严格的要求。在生产现场，随处可见“修合无人见，存心有天知”“质量即生命，责任重泰山”“一百道工序，一百个放心”等标语，时刻提醒员工保证质量。同仁堂对药料选用也非常讲究，“产非其地，采非其时”的药材坚决不用，不收购不能保证质量的药料，同仁堂还自己培育药料。诚实严格地生产，是质量的保证。

信——童叟无欺的职业道德。无论谁来药店，同仁堂都一视同仁公平对待。有位山东老汉就曾在药店买到过 0.01 元的药，以为弄错了，店内的师傅却笑着解释：一克天仙藤只值一分钱。取信于顾客，才是企业长久发展的根本。

“德、诚、信”理念虽然是先祖留下的谨训，但在任何时代都是企业持续发展的法宝。药店经营与人体健康相关的药，“德、诚、信”在这个行业显得更为重要。同仁堂的企业文化符合经营需要、适合行业特性，能成为企业的核心竞争力，使企业历经几百年仍生机勃勃。

资料来源：许启贤主编：《国家职业资格培训教程——职业道德》，52～53页，北京，蓝天出版社，2001。

一、职业道德是企业文化的重要组成部分

兰德公司、麦肯锡公司和国际管理咨询公司的专家通过对全球增长最快的30家公司的跟踪考察后，联合撰写了一份报告，在这份报告中认为世界500强之所以胜出其他公司并能长久不衰的根本原因，就在于这些公司特别强调职业道德，特别强调企业的品牌和信誉，把企业的职业道德看作企业文化力，善于给他们的企业文化注入活力，凭借企业文化力，这些一流公司百年不衰。这是因为，企业存在的基础是交易，既包括企业与员工间的交易，也包括企业之间的交易，更包括企业与消费者之间的交易。交易就是一种合作博弈的过程。企业长期存在的基础就在于企业与员工、企业与企业、企业与消费者之间的长期性交易，即反复合作性的博弈。实践证明，在长期性交易和反复性合作博弈中，企业得以存在的前提在于企业的信誉，而企业信誉的根本内容则在于企业具有良好的职业道德。企业的存在和发展就像一个人的存在和发展一样。如果一个人不讲信用，他最多只能骗人一次、两次，不可能多次地、更不可能长期地永久性地欺骗他人。一个人一旦失去信誉，给他人留下一个地痞、无赖、流氓、骗子的印象，他就不可能再与他人成功地合作，与其他人的交易也就难以进行。如果一个企业不讲信誉，就会

失去客户，就会失去交易的基础，必然导致企业的灭亡。

适时地制定与市场发展相适应的完备的职业道德规范以规约从业人员的职业活动和职业行为，是市场发展过程中与法律条款同等重要的内容。它对建立完善的市场机制，引导企业沿着正确、健康的轨迹发展具有极其重要的意义。如果没有与市场发展总趋势相一致的职业道德规范对从业人员的行为进行明确的价值导向，企业在激烈的市场竞争过程中随时有可能迷失方向，忘记自己的社会责任，陷入短期效应的经济诱惑中，甚至走上违背市场经济法则的不归路，最终自取灭亡。可见，企业的生存和发展必须有完善的职业道德体系为其保驾护航，职业道德作为企业文化的重要组成部分，是企业持续发展、做大做强的思想文化保证。

二、职业道德是增强企业凝聚力的重要手段

企业是具有社会性的经济组织，在企业内部存在着各种复杂的关系。这些关系既有相互协调的一面，也有矛盾冲突的一面，如果解决不好，将会影响企业的凝聚力。这就要求企业所有的员工都应从大局出发、光明磊落、相互谅解、相互宽容、相互信赖、同舟共济，而不能意气用事、互相拆台。而职业道德则是维系员工与企业关系的最好纽带。

员工与企业的关系是企业各种关系中最重要的一种关系，它是其他各种关系的基础。它不仅影响和制约着其他各种关系，而且决定着企业的生存和发展，同时也关系着员工的前途和命运。任何一个企业都不能没有员工，没有员工企业就不成其为企业；员工也不能失去企业，企业破产或倒闭，员工就会失去工作，丢掉饭碗，甚至影响到员工家人的生存。由于企业是法人组织，企业的各种规章制度、经营理念、价值观、发展战略及目标等主要是企业所有者和高级经营管理者的意志体现，对普通员工而言具有较高的权威性，在员工与企业的关系中，企业居于主导支配的优势地位，而员工则处于受支配的服从地位。因此，员工与企业的关系协调与否，主要

责任在于企业。因此，企业在经营管理上应当坚守职业道德，以员工为本，注重改善员工的工作环境，给员工提供一个安全、方便、舒适的工作条件，提高员工的福利待遇，多给员工创造接受教育、培训和提高的机会，尊重员工的人格，公正公平地对待员工，关心员工的家庭生活。企业只有这样对内坚守职业道德，才能为协调员工与企业的关系创造有利的前提条件。

同时，仅仅是企业对内坚守职业道德是不够的，还应当通过向职工灌输以职业道德为核心的企业文化，确保员工具备较高的职业道德水平。运用职业道德相关知识对员工进行系统严格的岗前、岗位培训是企业增强凝聚力的重要环节。《公民道德建设实施纲要》明确指出：职业道德是对从业人员进行岗前和岗位培训的重要内容。这是因为从业人员上岗需要两个基本素质：一是劳动技能，二是劳动态度。偏离任何一方面，都会影响到劳动效率的提高。我国的学校教育一直十分重视学生对劳动技能和基本知识的教育和学习，因此，大多数人走上工作岗位以后基本能够适应劳动技能和知识方面的要求。但工作中员工的劳动态度、敬业精神、职业责任感、团队精神等方面的素养却存在诸多的问题。这些问题的解决，需要员工加强自我修养和企业对员工进行培训来实现。在西方发达资本主义国家，职业道德培训被普遍重视，有2/3的西欧企业对员工进行岗前和岗位培训，在北美这一数字则达到1/2；在东方，以日本、韩国为代表的一些亚洲国家，也非常注重对员工进行职业道德的岗前和岗位培训。其培训不仅包括职业认知、职业观念方面的培训，也包括承载着技能、技术操作规程的职业情感、职业意志等情景性和实战性的培训。进入真正的职业岗位后，经过严格训练的员工与没有经过任何训练的员工相比，无论是在实际工作能力方面，还是在职业精神方面，都有突出的优势。

在我国，企业也越来越注重对新老员工进行培训，其培训内容主要包括以下几个方面的内容：首先，使企业员工正确对待个人利益与企业利益的关系，以企业整体利益为重，在必要的情况下，个人利益服从企业整体利益，在企业出现困难时，与企业患难与共，同心同德，共渡难关；其次，使员工严格遵守企业的一切规章制度和工作要求，服从企业安排，保守企业秘密；再次，培养员工的主人翁精神，使员工认真履行职责，保质保量地完成自己所应承担的任务；最后，充分调动员工的积极性、主动性和创造性，使员工积极为企业的生产、经营、组织、管理提出合理化建议，同时刻苦钻研业务，熟练职业技能，努力提高自己的业务水平，积极为企业的技术革新、工艺改进以及新产品的开发作出自己的贡献。

通过以上分析可以看出，职业道德无疑是企业与员工关系的黏合剂，是增强企业凝聚力的重要手段和根本途径。

三、职业道德是提高企业竞争力重要因素

职业道德有利于从提高产品和服务质量、降低产品成本、提高劳动生产率和经济效益、促进企业技术进步、树立良好企业形象和创造企业品牌等角度全面促进企业竞争力的提升。

1. 职业道德有利于企业提高产品和服务的质量

产品质量和服务质量是企业的生命，任何企业对它提供的产品和服务如果不能保证质量，企业即使能够暂时获得利润，但最终仍摆脱不了破产和倒闭的命运。世界上许多著名的大公司，都把保证产品的质量和为顾客提供最优质的服务作为企业生存和发展的根本。美国 IBM 公司公开宣布“IBM 就是服务”、“充分考虑每个雇员的个性，花大量时间令顾客满意”。美国运通公司信守“不惜一切为顾客服务，使我们的服务享誉世界”。摩托罗拉公司则坚持“光荣地为社会服务，以公平的价格提供高质量的产品和服务、不断自我更新、尊重每位雇员的个性”的准则。

我国大部分企业能够坚守作为市场主体所应该具有的职业道德，但是由于我国社会主义市场经济体制建立时间不长，有一些企业缺乏企业道德，不重视产品和服务的质量，制假贩假，坑蒙拐骗，致使市场上不时出现假冒伪劣的商品和欺骗顾客的服务。然

而，随着改革开放的日益深入，随着社会主义市场经济体制的不断完善，随着我国企业对职业道德认识的不断深化，现实已充分说明，企业应当也必须坚守职业道德，把产品的安全、可靠的性能放在企业运营的第一位，把为顾客提供优质满意的服务放在第一位，以提升企业的职业道德层次来带动企业产品和服务竞争力的提升，使企业获得长远的生存和发展。

2. 职业道德可以降低产品成本，提高劳动生产率和经济效益

企业在生产经营过程中，从基本设备的添置、原材料的购入，到产品的生产及至产品的销售，都需要花费很多的成本，如厂房、机器、设备和原材料的耗费，生产过程中出现的废品、次品，员工的工资、福利，企业内部的管理协调费用和交易费用等。如果企业和企业员工具备良好的职业道德，首先，可以有效减少厂房、机器、设备的损耗，节约原材料，降低废、次品率，提高产品质量；其次，可以有助于降低企业用以维持员工之间、员工与上司之间、员工与企业之间协调、融洽、默契关系的整体协调管理费用；再次，可以增强企业在社会上的可信度，从而有利于降低企业与政府、社会和顾客的谈判交易费用；最后，可以增强员工的时间观念，从而有利于提高劳动生产率，降低产品的工人工资成本，间接提升企业的经济效益。

3. 职业道德可以促进企业技术的进步

在当今激烈竞争的新形势下，新技术、新产品的开发关系着企业的生死存亡，谁抢先推出新产品，谁就能占领市场，在竞争中获胜，从而获得高额利润。据美国一家咨询公司对美国 70 家公司的调查，进入 20 世纪 80 年代，公司利润的 1/3 来自新产品的销售，而在 50 年代，新产品所获得的利润只占 1/5。企业能否开发出新技术、新产品，一方面要看企业是否具有鼓励创新的环境，是否具有相信员工的企业精神，是否具有良好的创新氛围；另一方面，要看员工是否具有创新意识、创新能力和创新动力，是否能够团结地组成一支稳定的富有创新素质的团队。而这些环境、氛围、团队的形

成，无不需要职业道德的有力支撑。因此，职业道德有利于企业提高创新精神和创新能力，有利于企业技术进步。

4. 职业道德有利于树立良好企业形象，创造企业著名品牌

随着新技术革命和知识经济的到来，社会生产力突飞猛进，物质财富急剧增加，买方市场占据主导地位，人们的物质和文化生活要求基本得到了满足。在这种情况下，消费者更加关注企业的形象和商品品牌，具有良好社会信誉的企业商品已成为了人们的首选。一种商品品牌不仅标志着这种商品质量的高低、标志着这种商品给人们信任度的高低，而且蕴涵着一种文化品位，代表着一种消费层次，是一种身份的象征。一些著名品牌不仅对消费者具有巨大的吸引力，而且它本身就具有重要价值。据报载，美国可口可乐公司的无形资产已达到 500 亿美元，即使一夜之间全部有形资产化为乌有，它仍可凭借其品牌再次崛起。因此，任何一个企业都应当具有长远的发展战略和眼光，应当竭尽全力去向消费者展示企业作为一个负责任的经济实体的职业道德，向顾客呈现自己员工的爱岗敬业、服务大众、奉献社会等职业精神品质，从而创造著名品牌，树立良好的企业形象，以赢得顾客的支持。

第三节 职业道德与社会的发展

引入案例

《劳动者之歌》展现英模职业风采，弘扬社会主义道德新风尚

今年“五一”国际劳动节前后，《人民日报》、新华社、中央电视台等中央主要新闻单位联合同步推出大型人物宣传专栏《劳动者之歌》。其首篇报道《灯塔工苏贵聪：轮船致谢的汽笛声给我

最大的快乐》经新华社播发后，在社会上引起了热烈反响。据苏贵聪所在单位广东海事局的统计，这篇报道及图片被新华网、《中国青年报》、《科技日报》等50家主要媒体采用。广东海事局党委向全局干部职工提出，要学习苏贵聪同志甘于寂寞、艰苦奋斗的精神；立足本职、默默奉献的精神；认真负责、敬业精业的精神；视灯如命、爱塔如家的精神。要求通过岗位练兵活动和班组竞赛活动等载体弘扬和光大苏贵聪的“四种精神”。

在郑州，人们纷纷赶来参观郑州市管城回族区专门设立的朱和平先进事迹展。人群中有学生、工人、农民、打工者、下岗失业人员、个体户、离退休干部，有出差路过的干部，还有从周口、驻马店等地远道而来的农民。他们无不为朱和平几十年如一日，默默无闻、任劳任怨，把毕生精力都奉献给环卫事业的精神而感动。在留言簿上，参观者留下了“好人虽西去，精神留人间”、“点亮人灵魂的灯塔，叩响人心灵的大门”等发自肺腑之言。

还有很多读者是通过网络了解《劳动者之歌》系列报道的。黑龙江网友“易服芬”很欣赏《劳动者之歌》栏目，他说他自己是一位教师，也可以说是一位普通的劳动者。他说，在“五一”这个节日里最值得讴歌的就是这些工作在第一线的普通劳动者们，他们的职业精神和个人品质实在令人钦佩，是当代广大劳动者学习的楷模。

资料来源：李争艳：《“劳动者之歌”唱响大江南北》，载《人民日报》，2006-06-02。

一、职业道德是推动社会主义经济发展的需要

中国社会主义市场经济经历了20多年的发展，取得了举世瞩目的成就，综合国力大大提升，人民生活获得了较大改善。但在经济发展过程中，我们也遇到了诸多问题，如纪律涣散、诚信危机、

信用沼泽、铺张浪费、以权谋私等现象不同程度地影响、干扰甚至阻碍着我国社会主义市场经济体制的建立和发展。如果不从根本上消除这些负面影响，社会经济的正常运行与发展就将不可避免地受到干扰。要清除这些负面影响，必须在意识上弄清它们在社会生活中的具体表现和主要危害，进而才能使我们产生紧迫感、责任感和使命感，增强学习职业道德的积极性和自觉性，从我做起，从现在做起，为促进社会主义职业道德尽自己的一分力，发一分光。只有我们每一个公民都自觉地履行自己的道德责任和道德义务，才有可能使职业道德的负面表现得到全面改善。

纪律涣散、诚信危机、信用沼泽、铺张浪费、以权谋私等现象和问题也折射出我国职业道德现状不容乐观，加强从业人员的职业道德教育迫在眉睫。如果让上述问题在实际生活中变成一种普遍现象，就会出现经济学理论中劣币驱逐良币的现象。如果劣币驱逐良币的现象成为一种普遍现象，社会主义市场经济体制就很难建立起来。遵守法纪和规则的人有时会吃亏，而胆大者、违规者，有时却可以获得高利，这种负面导向作用，将会对人们的价值观和行为产生巨大的误导作用，将制约社会主义市场经济的发展进程。因此，社会主义市场经济呼唤法纪、呼唤规则、呼唤信用、呼唤道德，为了规避市场经济发展带来的负面影响，邓小平在改革开放之初就提出了“两手抓，两手都要硬”的方针，即一手抓物质文明，一手抓精神文明；江泽民同志提出“以德治国”方略之后，中共中央又下发了《公民道德建设实施纲要》；2006 年，胡锦涛同志进一步提出牢固树立社会主义荣辱观的思想。所有这些举措，无不是从战略的高度把职业道德在国家经济建设中的地位放在了极其重要的位置上，使其成为确保社会主义市场经济顺利发展的重要精神力量。

生产力中人是第一活跃的因素。在职业人的生产经营活动中，经济利益无疑是一种驱动力，但它绝不是唯一的动力因素，甚至不是最主要的因素，这已是被无数事实所证明了的客观事实。人的精神状态，人的职业道德水平的高低，对生产力水平的提高是至关重要的。因此，职业道德的作用及其所产生的巨大精神动力是发展经济的优势之一。在私有制条件下，社会的职业道德维护的是私人利益，与社会利益和整个社会的发展不发生直接关系。而社会主义职业道德所维护的经济利益中，只有一小部分是私人业主的利益，绝大部分与社会整体的利益和社会的发展直接发生关系。因此，社会主义条件下的职业道德发挥着前所未有的社会作用。小到各行各业内部的职业道德和规则，大到全社会各行各业共同遵循的职业道德原则和规范，都有力地促进了各行各业的发展，从而促进了社会主义经济的发展。具体来讲，职业道德在如下方面体现着社会主义经济发展的需要，对社会经济发展起着巨大的推动作用。

第一，发展社会主义市场经济和社会生产力需要稳定的社会环境，而加强社会主义职业道德的教育和建设，有利于形成稳定的社会环境。

第二，社会主义市场经济是一种追求效率和效益的经济，而效率和效益有赖于市场经济积极性和创造性的发挥。加强职业道德教育对于促进从业人员热爱职业岗位，增强职业责任心，提高职业技能都具有重要作用。

第三，市场经济有激发社会生产力发展的优点，但市场经济活动也有它的局限性和弊端。加强社会主义职业道德的教育和建设，有利于克服市场经济活动的局限性和弊端。

在进行物质文明建设的过程中，人类社会形成了既有严密的社会分工又有团结协作的职业关系。历史的经验证明，各行各业的分工与协作状况如何、水平高低，直接或间接地影响着社会物质文明的进程和发展水平。保证人们自觉地做好本职工作，为社会物质文明的建设与发展尽自己的应有之力、应有之能，职业道德在其中起着重要而特殊的作用。职业道德中的一些带有共性的基本精神，如“忠于职守”“文明礼貌”“爱岗敬业”“艰苦奋斗”“诚实守信”“团结互助”“公平公正”等内容，如果被人们在职业活动中不断认同、接受并内化为内心信念，最终外化为人们的行动时，便能产生巨大的推动力，推动员工正确地处理企业内部员工与员工之间、与集体之间、甚至与社会之间的关系，在自己的岗位上尽其所能、努力工作。如果这样的情形形成一种普遍的社会风气，国家和民族的物质文明建设势必会欣欣向荣地发展起来。

社会主义经济的发展，需要依靠全体劳动者的艰苦奋斗，需要依靠各行各业的协作。如何使每个公民自觉做好本职工作，为社会经济建设出力固然取决于多种因素，但其中职业道德的激励、沟通、调节作用是绝对不可缺少的。职业认识的提高、职业感情的培养、职业意志的锻炼、职业理想的确立，以及良好职业习惯的养成，都是从业人员做好工作的前提条件。特别是在经济活动中，职业人的思想觉悟、敬业精神、负责态度都直接或间接地影响经济决策和经济活动的科学性、合理性，进而影响社会经济活动的成就与效益。各行各业的从业者，如果都能够遵守爱岗敬业、诚实守信、办事公道、服务群众、奉献社会的职业道德，提高劳动生产率和服务质量，协调职业集团内外从业人员之间、从业人员与服务对象之间的关系，那么，我们就能够迅速提高整个社会的劳动生产率，创造丰富的社会物质财富，从而促进社会主义经济的持续、快速、健康发展。

二、职业道德是社会主义精神文明建设的需要

职业生活是人类社会生活最重要的领域，职业关系遍布社会的各个方面和各个角落。职业道德就是通过这些广泛的职业关系而对整个社会生活产生深刻影响的。这是由职业道德的普遍适用性和公共示范性等特点决定的。不同行业的职业道德虽然都是针对各行各业的具体特点建立，各有侧重，但它们所依据的却是国家与社会公认的、共同的道德原则和道德理想，再加上绝大多数职业活动都具有公共性，有的直接面对公众，有的则以其最终产品或服务间接地面对公众，所以职业道德的基本原则和规范具有普遍适用性和公共

示范性。一种可以面向公众的道德行为，本身就包含“当前社会认可的道德是怎样的”示范意义。如果说社会公德是指人们在公共事务、公共行为、公共角色和公共关系上的道德，那么在某种意义上，我们也可以说职业道德实质上也是一种社会公德，只不过它通过专业化、职业化而变得更加具体、更加深化了，成为一种高层次的、具有示范意义的社会公德样式。

例如，铁路、邮电、城建、教育、卫生、公安、金融、商贸等行业的从业者，每天都要和成百上千的人打交道，都处于服务与被服务的状态中。如果他们都能自觉地履行职业责任，遵守职业道德，就会影响和带动更多的社会成员，培养高尚的道德品质，遵守社会公共道德。反之，职业活动中的不道德现象，如以权谋私、玩忽职守、尔虞我诈、唯利是图等行业不正之风，会给广大群众的切身利益乃至生命财产安全造成巨大的危害，广大人民群众对此强烈不满，它严重败坏了社会道德风尚。这就充分证明了，人们能否普遍遵守职业道德，对于维护社会生产和生活的正常秩序，塑造良好的社会道德风尚，提高全民族的思想道德素质具有直接的影响。因此，宣扬和贯彻职业道德能够有力地推动社会主义精神文明建设。如果每个从业人员都能够自觉地按照职业道德要求去工作，那么我们就能够为中国特色社会主义事业的全面进步提供强大的精神动力和道义支持。

三、职业道德是调整和建立新型人际关系的需要

如果每个职业人都能热爱本职工作，自觉地按照职业道德规则去做，就容易形成互相尊重、互相关心、公正诚实的良好人际关系和社会风气。因为，职业道德有利于伦理道德广泛深入地发挥调节作用。一般道德原则是一定社会或阶级的道德要求，对社会生活各个领域都是普遍适用的，但它们是对某些具有普遍性、根本性的道德问题做出原则性的表示，而职业道德则能根据一定社会或阶级的道德要求，结合各种职业活动的具体特点，形成切实可行的职业道

德规则，并把这些要求职业化、具体化，贯彻落实到所有从业人员的实际行动中去。例如，爱国主义原则，是所有社会成员都应普遍遵循的，它在职业实践活动中，被赋予了与各种职业特点相适应的具体内容：在军人道德中，爱国主义具体表现为保卫祖国的安全和领土完整，不怕牺牲，英勇善战；在海关人员的职业道德中，爱国主义表现为恪尽职守，自觉维护国家利益，捍卫祖国的荣誉和尊严，促进对外贸易，发展与各国人民的友谊。

职业群体的社会化程度高于个人、家庭和其他小型群体。从业人员的范围广、层次多，从各个方面主导着现实社会生活，对社会生活的影响大而持久。作为一种实践化和职业化的道德，职业道德为道德的理论与实践、理想与现实提供了一种有效的结合方式。它的适用范围比较确定，制定和执行规则的标准具体明确，效果也易于检验，并且能够与经济体制、民主法制直接联系，相互配套，因而容易为一般社会成员普遍认可和推行，是现代社会的主导性或主体性道德。

在以私有制为基础的社会制度中，劳动虽有社会性，但是这种社会性只具有间接性质。它对于劳动者来说，是意识不到的，是一种异己的客观规律的表现。劳动者的直接目的是为了个人谋生，是为自己追求交换价值，所以这种劳动是私人劳动，其职业道德所调整的关系，也是私人之间的关系，即私人业主、私人企业与作为私人利益主体的个人之间的关系。进入社会主义社会，随着以公有制为主体的社会制度的建立，人与人之间的关系，不再是利益冲突的关系。共同的经济利益，共同的理想，共同奋斗的目标，使得人与人之间的关系发生了根本性的变化，大家都成为国家和社会的主人，都在为国家的繁荣昌盛、人民幸福富裕而辛勤劳动。劳动的性质由此发生质的变化，劳动既是为自己，也是为他人、为社会。职业道德的作用在于调节这样的新型人际关系，即根本利益一致的社会主义建设者之间的关系，作为人民一分子的个人与个人之间的关系，以及个人与国家、集体之间的关系等。而且，因为人的情感是可以相互传染的，所以高尚的社会主义职业道德情感以一种示范姿态，可以通过人与人的关系，传递给自己的职业对象或服务对象，从而使自己的职业对象或服务对象感到心情舒畅愉快，并把这种情感体验化为自己的行为，同时再传递给其他行业的工作者。如此往复，必将在全社会形成一种良好的道德风貌，促进社会风尚的全面提升。

综上所述，职业活动不仅是个人生活实践和企业生产的重要内容和主要形式，也是人类社会生存发展的前提和基础。社会的存在、延续、发展都不可能离开职业活动提供的物质基础和精神支撑。由于社会存在的复杂性和人的意识的多样性，需要在生产实践中运用行政的、经济的和法律的手段，对从事职业活动的人们进行思想意识的引导和行为的调节。但历史的经验一再证明，仅仅通过以上手段来对人们的思想和行为进行引导和调节是不够的。为了从思想和灵魂的深处提高劳动者对职业活动社会价值的认识、认同，进而激发其工作的积极性和自觉性，社会还需要运用职业道德规范来引导和规约职业人的职业意识和职业行为，以促进社会生产的全面协调发展。因此，职业道德作为伦理体系的重要组成部分，在人类社会的发展历史中，特别是在我国建设中国特色社会主义的今天，具有十分重要的地位和作用。

本章小结

本章主要阐释职业道德的意义与作用，主要内容包括以下几部分：

1. 职业道德与人自身发展之间的关系：职业道德是从业人员安身立命于职场的思想基础；职业道德是从业人员事业成功的保证；职业道德是实现人的全面发展的主要途径。

2. 职业道德与企业发展之间的关系：职业道德是企业文化的重要组成部分，是企业持续发展、做大做强的思想文化保证；职业道德无疑是企业与员工关系的黏合剂，是增强企业凝聚力的重要手段和根本途径；职业道德有利于企业提高产品和服务的质量，可以降低产品成本，提高劳动生产率和经济效益，可以促进企业技术的进步，有利于树立企业形象，创造企业品牌，从而全面提高企业的竞争力。

3. 职业道德与社会发展之间的关系：职业道德是推动社会主义经济发展的需要；职业道德是社会主义精神文明建设的需要；职业道德是调整和建立新型人际关系的需要。

思考题

案例一

姚明的职业精神

姚明是中国体育历史上国际影响力最大的运动员之一，但他不是从天而降的英雄。他是靠着自己的努力、智慧、坚韧的职业体育精神，一步一步走到今天的。

我们回过头看看姚明在 CBA 联赛时的对抗。虽然最后一个赛季，姚明每场可以得到接近 40 分，抢到 20 个篮板球，但他的真正对抗能力并不强。在姚明的成长过程当中，有多少人曾经把他撞倒在地？有多少人曾经在他身上占过便宜？和姚明相比，有很多运动员拥有更好的天赋，都曾经站在姚明前面，但现在姚明实现了他们无法想象的成就。从某种意义上讲，如果以姚明的体质、肌肉类型能够达到今天的水平，那么中国会有一部分职业篮球运动员都应该达到这个水平。但事实上没有，因为很少有人具有姚明的职业精神。

姚明非常难能可贵的一点，是他明白自己是一名职业球员，他明白应该怎样对待自己。在他刚到火箭队的时候，他的体能教练法尔松曾经对他说：你怎样对待你的身体，你的身体就怎样对待你。

姚明把这句话当成了他的座右铭，把每天的力量训练、体能训练变成了一种习惯，就像吃饭一样。人不能一天不吃饭，职业运动员不能一天不雕塑自己的身体。

刚开始的时候，姚明也没有掌握一整套非常有效的控制身体的方法，他还在不断学习。在他的第一个 NBA 赛季结束之后，他感觉到非常疲惫，因为在 CBA，每个赛季只有 22 场常规赛，加上季后赛不过 30 场比赛，但 NBA 常规赛就有 82 场强度惊人的交锋。于是他一下子休息了 40 天，在那之后，他在恢复体能时就感觉到比较艰难。他专门找了教练和有经验的 NBA 球员来询问，别人告诉他，赛季之后的彻底放松不能超过 20 天，之后就必须开始体能训练。在那之后的三个赛季里，姚明的纯休息时间再也没有超出过 20 天。同时，姚明每天还在柔软的沙滩上奔跑 5 公里左右，来保持自己的体能。在最应该彻底休息的假期里，姚明仍然没有忘记雕塑自己的身体。

火箭队总经理道森说："姚明是一个伟大的球员，更是一个为人谦和的小伙子。在这里我要告诉中国朋友们一个小秘密，我的太太对姚明钟爱有加，在她的心目中姚明不单是个子高大，更重要的是姚明所表现出来的一种职业精神让我们都很钦佩。"

资料来源：《篮协发出"学习姚明的职业体育精神"号召》，见新华网 http://news.xinhuanet.com/sports/2006-06/22/content_4730301_2.htm。

1. 根据案例，谈一谈职业道德与个人事业成功之间的关系。

2. 根据案例，结合自身实际情况，论述如何通过提升职业道德层次来完善自我。

案例二

海尔腾飞之谜

1984 年，34 岁的张瑞敏入主青岛市电冰箱厂。他是短短一年中被派来的第四位厂长，前三位都已负气离开。他刚一上台，就颁布13条规定，从禁止随地大小便开始，揭开了海尔现代管理之路。

1985年的一天，一位朋友要买一台冰箱，结果挑了很多台都有毛病，最后勉强拉走一台。朋友走后，张瑞敏派人把库房里的400多台冰箱全部检查了一遍，发现共有76台存在各种各样的缺陷。张瑞敏把职工们叫到车间，问大家怎么办？多数人提出，也不影响使用，便宜点儿处理给职工算了。当时一台冰箱的价格是800多元，相当于一名职工两年的收入。张瑞敏说："我要是允许把这76台冰箱卖了，就等于允许你们明天再生产760台这样的冰箱。"他宣布，这些冰箱要全部砸掉，谁干的谁来砸，并抡起大锤亲手砸了第一锤！很多职工砸冰箱时流下了眼泪。在接下来的一个多月里，张瑞敏发动和主持了一个又一个会议，讨论的主题非常集中："如何从我做起，提高产品质量。"三年以后，海尔人捧回了我国冰箱行业的第一块国家质量金奖。

一场砸冰箱的事件，不仅震醒了海尔所有的员工，同时也使海尔成为当时注重质量的代名词。

20年后，海尔已发展成为年产值逾千亿元人民币的世界著名家电巨头，成为中国企业管理史上诞生的第一个"神话"，代表了中国企业职业道德意识的苏醒和中国最具竞争力的家电企业的崛起！

资料来源：周一：《改变中国商业史的20个关键时刻》，载《中国企业家》20周年特刊，2005（24）。

根据案例，分析说明职业道德修养对企业发展的影响。

案例三

记哈尔滨圣泰制药有限公司

哈尔滨圣泰制药有限公司是1996年成立的民营高科技企业，公司自成立之日起，就在"以德治企"大旗下，自觉加强职业道德建设，构筑了职业道德建设的良性机制，开展丰富多彩的活动，把职业道德建设放在充满生机的活动载体上。一是把职业道德渗透到生产经营活动中去。公司以生产合格药品为最高职业道德，确保药品质量万无一失。六年来，公司生产的上亿支注射用药，上亿片口服用药销往全国各地，无一例医药事故发生。二是把职业道德建设渗透到学习培训活动中去。公司建立了完善的学习培训体系，成立了以董事长为首的学习领导机构；确立了“三重于、一结合”（即培训重于生产、工作；思想教育重于业务学习；培训质量重于培训时间；常年培训与阶段培训相结合）的培训工作指导原则；固定了公司、车间、班组三级培训形式；制定了“学习型企业”的培训规划。这些举措增强了企业的凝聚力。三是把职业道德建设渗透到生活中去。公司建有图书阅览室、多功能大厅、TV 放映室以及台球室、乒乓球室、棋牌室等。经常组织文娱晚会、读书报告会、知识竞赛、小型体育赛事，活跃员工文体生活。这些职业道德建设活动保证了公司“科技创业，文化传承”企业建设方针的全面实施。经过 6 年的艰苦奋斗，公司由委托租赁生产发展到具有 50 亿元年产值的设计生产能力，总资产由 1 000 万元增长到 3 亿元，员工由 17 名扩充到 800 余人，销售收入由 230 万元增长到 1.5 亿元，实现利税3 000万元，成为哈尔滨市“小巨人企业”，“北药开发”重要成员。

资料来源：中国职业道德在线网 http://www.zgzydd.com/news/printpage.asp? ArticleID=193。

1. 根据案例，分析说明职业道德修养对个人发展和企业发展的影响。

2. 根据案例，分析说明在社会主义市场经济中如何加强职业道德修养建设。

第三章

爱岗敬业

本章引言

爱岗敬业是对人们工作态度和职业操守的一种普遍要求。爱岗就是热爱自己的工作岗位，热爱本职工作；敬业就是用一种严肃的态度对待自己的工作，勤勤恳恳、兢兢业业、忠于职守、尽职尽责。一个人，一旦热爱自己的岗位、敬重自己的职业，他的身心就会与自己所从事的工作紧密结合在一起，就能在平凡的岗位上，做出不平凡的事业。爱岗敬业是社会主义职业道德规范的基础。

本章学习目标

- 理解爱岗敬业的含义
- 了解爱岗敬业的特征
- 认识爱岗敬业对个人和企业的作用
- 掌握爱岗敬业的基本要求

第一节　爱岗敬业的含义及特征

引入案例

谭千秋——大爱无声铸师魂

2008年5月12日14时28分，在汶川大地震中，德阳市东汽中学教学楼轰然坍塌。此时，谭千秋在教室上课，他正讲得投入时，房子突然剧烈地抖动起来。地震！谭千秋意识到情况不妙，立即喊道："大家快跑，什么也不要拿！快……"同学们迅速冲出教室，往操场上跑。房子摇晃得越来越厉害了，并伴随着刺耳的吱吱声，外面阵阵尘埃腾空而起……还有四位同学已没办法冲出去了，谭千秋立即将他们拉到课桌底下，自己弓着背，双手撑在课桌上，用自己的身体盖着四个学生。轰轰轰——砖块、水泥板重重地砸在他的身上，房子塌陷了……

5月13日22时12分，当搜救人员从四川省德阳市汉旺镇东汽中学教学楼坍塌的废墟中搬走压在谭千秋身上的最后一块水泥板时，所有搜救人员都被震撼了。"我们发现他的时候，他双臂张开着趴在课桌上，后脑被楼板砸得深凹下去，血肉模糊，身下死死地护着四个学生，四个学生都还活着！"第一个发现谭老师的救援人员眼含热泪，他说，谭老师誓死护卫学生的形象，是他这一生永远忘不掉的。"地震时，眼看教室要倒，谭老师飞身扑到了我们的身上。"回忆当时的情景，获救的学生神情仍然紧张。

资料来源：孙闻、田雨：《谭千秋——大爱无声铸师魂》，见新华网，2008-05-14。

一、爱岗敬业的含义

爱岗敬业是对各行各业工作人员最普遍、最基本的要求。中共中央颁布的《公民道德建设实施纲要》提出：“要大力倡导以爱岗敬业、诚实守信、办事公道、服务群众、奉献社会为主要内容的职业道德，鼓励人们在工作中做好一个建设者。”所以，爱岗敬业是社会主义职业道德的一个基本规范和基本要求。

爱岗敬业是为人民服务和集体主义精神的具体体现，是职业道德一切基本规范的基础。所谓爱岗，就是热爱自己的岗位，热爱自己的本职工作，能够尽心尽力做好本职工作。所谓敬业，就是以极端负责的态度对待自己的工作，表现为对本职工作专心、认真、负责。孔子把这种对待工作的态度叫“执事敬”。宋朝朱熹的解释是：“敬业，专心致志，以事其业。”要求做到对工作严肃认真、精益求精、尽职尽责。整体来看，爱岗敬业是指从业人员在特定的社会形态中，尽职尽责、一丝不苟地履行自己所从事的社会事务行为，以及在职业生活中表现出来的兢兢业业、埋头苦干、任劳任怨的强烈事业心和忘我精神。通俗地说，就是热爱本职工作，在岗位上认真做事、满腔热忱、精益求精，有崇高的工作使命感、职业责任感和强烈的事业心，能做到乐业、勤业、精业、实业。热爱本职、忠于职守是爱岗敬业的核心。爱岗与敬业是紧密联系在一起的。爱岗是敬业的前提，敬业是爱岗情感的进一步升华，是对职业地位、职业价值、职业责任感和职业荣誉的深刻认识和践行。

近代思想家梁启超在《敬业与乐业》这篇文章里设问：“业有什么可敬呢？为什么该敬呢？”他讲了两点：第一，人不仅是为了生活而劳动，也是为劳动而生活；劳动、做事就是生命的一部分。第二，无论何种职业都是神圣的。“事的名称，从俗人眼里看来，有高下；事的性质，从学理上解剖起来，并没有高下。”一个农民精心耕作，要使自己的土地收获更多的果实，这是他的价值所在。一个工匠专心于自己手中的制作，要使自己的手艺得到充分体现，这是他的价值所在。一个艺术家，不分春夏秋冬，始终刻苦练功，使自己的技艺日臻完美，这是他的价值所在。上海青年工人徐虎，在粪便、污水淌一地，连下脚的地方都没有的条件下工作，但他却始终牢记父亲的一句话："我是普通工人出身，干一行就要爱一行。"他在居民区内挂了一个义务报修箱，每晚七点开箱，他没有节假日，没有星期天，十几年来七千多个小时的业余时间都奉献给了居民。居民称赞说："徐虎在平凡的岗位上做出了不平凡的成绩，这平凡就是伟大。"北京公共汽车售票员李素丽为自己定的服务原则是"四心"：礼貌待客要热心，照顾乘客要细心，帮助乘客要诚心，热情服务要恒心。她在平凡的岗位上做出了优异的成绩，得到了广大乘客的好评和政府的表彰。

一般来说，对于那些条件好、工作轻松、报酬高的职业，做到爱岗敬业比较容易。但社会生活中的工作岗位不可能全是这样，必然有许多工作或是环境艰苦，任务繁重，或是工作地点偏僻，远离城市文化生活，或是工作技术含量低，重复性大，甚至还有危险。虽然这样的工作对从业人员具有很大的挑战性，但它们是社会生活中不可缺少的部分，需要有人去做。现代社会分工越来越细，职业联系越来越密切。在这个社会机体中，哪一个行业、哪一个环节出了问题，都会影响社会的正常运转。城市里的垃圾几天不清除就会臭气熏天；天涯海角没有人守卫，祖国的领土安全就没有保障；没有石油工人辛勤工作，交通运输就会瘫痪；没有科研人员在戈壁荒原的勘探，就找不到地下宝藏。而在这些岗位上工作往往要付出更多的辛苦和更大的代价。例如，以铁人王进喜为代表的中国第一代石油工人，以"宁可少活 20 年，拼命也要拿下大庆油田"的英雄气概，土法上马，人拉肩扛，把 60 多吨重的设备提前运到现场，奋战 11 个月，突破进尺 10 万米大关，创造了当时世界钻井进尺史上的最高纪录。1988 年，党的优秀干部孔繁森再次告别年近九旬的老母，安顿好体弱多病的妻子和 3 个尚未成年的孩子，第二次来到西藏。他连续工作了 6 年，不幸以身殉职。在这期间，他生活极其俭朴，每次下乡总是自费买上一大堆药品送给藏民，他还抚养了3个藏族孤儿，为救助、维持他们的生活，隐瞒身份卖了3次血，被人们称为“90年代的焦裕禄，领导干部的楷模，新时代的雷锋”。黑龙江造林工人、中国十大杰出青年之一的孙俊福，20年来走过了40万公里的路程，累计植树48万株，植树面积达1 480亩，为国家创造了1 600多万元的经济价值。而他的承诺是：“献了青春献终身，献了终身献子孙！”这些时代的英雄把自己有限的生命投入到了无限的为人民服务之中。他们在不同的工作岗位上，爱岗敬业，诚实劳动，以自己的实际行动实现着自己的人生价值，为我们树立了光辉的学习榜样。①

与尽职尽责、忠于职守的工作精神相反的是敷衍了事和玩忽职守。《中国商报》曾报道乌鲁木齐挂面厂在日本印制塑料包装袋，由于有关人员在审查设计图纸时马虎，没有发现乌鲁木齐的“乌”字错写为“鸟”字。结果从日本运回的包装袋上“乌鲁木齐”错印为“鸟鲁木齐”。仅仅因为工作的不认真，一字之差，16万元就白白扔掉了。像这样对工作不负责任的例子还有很多，它与社会主义职业道德的要求是背道而驰的。

二、爱岗敬业的特征

爱岗敬业要做到乐业、勤业、精业、实业。乐业就是喜欢自己的专业，热爱自己的本职工作。我们每个从业人员都要真正认识到自己所从事的职业在社会生活中的作用和意义，从而保有对自己未来职业的浓厚兴趣；要把未来的职业生涯看成是一种理想，一种乐趣，而不是一种负担。应当坚持“勤业”，勤奋、刻苦、顽强地学习专业知识，钻研自己的工作和业务。勤奋就是要做到手勤、脚勤、眼勤、脑勤，这是提高学习和工作效率的关键；刻苦就是能经

① 参见陈晓云、郭忠菊、王绍乾：《爱岗敬业的意义与价值》，载《成都教育学院学报》，2003（3）。

受得起学习和工作中的艰难困苦；顽强就是有勇气、有毅力去克服职业生活中不时遇到的各种困难。精业就是使自己的专业技术、业务水平不断提高，精益求精。实业就是依靠科学，实事求是，对本职工作一丝不苟，有严格的务实精神。① 爱岗敬业表现为以下四个方面的特征：

1. 热爱本职，对本职工作有强烈的事业心

中国古代有所谓“敬业”和“乐业”之说。这里说的热爱本职，指的是“敬业”，就是对本职工作热心忠诚。在社会主义社会中，一个劳动者，无论从事任何一种职业，都应当“干一行，爱一行”，每个从业人员，都是人民中的一员。对于人民群众，为人民服务本质上是“人民自我服务”，即从业人员之间通过相互服务来谋求共同的幸福。热爱本职，实质上既反映了从业人员对自己的服务对象的热爱和真挚感情，又反映了自己的自爱和自强，体现了“为人民服务意识”和“主人翁意识”的统一，这是在本职岗位上做出最大贡献的一种精神动力。

2. 忠于职守，对本职工作有高度的责任心

忠于职守，说的是“乐业”。就是对本职工作，兢兢业业，忠心耿耿。在社会主义的职业活动中，不同职业之间是相互服务的关系，同时社会主义职业道德的核心问题，是服务态度问题，即要全心全意为人民服务。因此，努力改善服务态度，不断提高服务质量这一道德要求具有深远的意义。

3. 钻研业务，对本职工作有强烈的进取心

钻研业务，说的是“精业”。就是对本职工作业务熟悉，精益求精。我们从事任何一种职业活动，都是为了给人民、给社会做出一些实际的奉献，造福于人民和社会。然而，要实现这个目的，光凭一颗爱心、一腔热情还不够，要狠下工夫刻苦钻研业务，努力学习和掌握本职业的专业知识和专业技术，不断进取，逐渐做到精益求

---

① 参见秦正修：《论社会主义市场经济条件下的职业道德》，载《经济师》，2004（7）。

精。这不仅是一个技术要求，而且还包含着道德要求。因此，钻研业务，不仅反映了一个从业人员业务水平的高低，而且与其职业道德水平的高低密切相关，体现了业务水平和职业道德水平的统一。

4. 讲究科学，对本职工作有严格的求实心

讲究科学，指的是“实业”。就是依靠科学，实事求是，对本职工作一丝不苟，有严格的务实精神。任何一种职业活动，都有它本身所固有的客观规律，认识、掌握、运用职业活动的客观规律并且按照这些客观规律办事，才能事半功倍，取得良好的效果。这样，坚持“实业意识”，讲究科学，实事求是，表现出对本职工作严格的求实心，这也是社会主义职业道德的基本要求之一。因此，讲究科学，体现了主观和客观的统一。

总之，爱岗敬业既是社会主义职业道德的重要组成部分，又是社会主义精神文明的重要内容之一，它的核心内容就是为人民服务。全心全意为人民服务是社会主义职业道德的最高目标，它贯穿于社会主义职业道德观念的方方面面，贯穿于“敬业意识”、“乐业意识”、“精业意识”、“实业意识”和“全局意识”的始终。①

第二节 爱岗敬业的作用

引入案例

再平凡的岗位也能铸成一座丰碑

在日本，广为传颂着一个动人的小故事：许多年前，一个妙龄少女应聘到东京帝国饭店当服务员。这是她涉世之初的第一份工作，因此她暗下决心，一定要好好干！但意想不到的是，上司

① 参见徐平乐：《也谈职业道德建设》，载《求实》，1999 (9)。

首先安排给她的工作是洗厕所，而且要求必须把马桶擦洗得光洁如新。这位少女从未干过粗重的活儿，面对分配给自己的任务感到有些委屈，手还没碰到马桶就恶心作呕，对于如何实现“光洁如新”的高标准更是苦恼不已。

在这个关键时刻，一位前辈出现在她面前，一遍遍地擦洗着马桶，直到光洁如新。然后，他泰然自若地伸手从马桶里盛了一杯水，一饮而尽！竟然毫不勉强。他不用一言一语就告诉了这位新职员，高质量的标准就是让马桶达到可以让人充分信赖的洁净程度，哪怕是自己也可以放心地饮用里面的水。这一幕看得少女目瞪口呆，热泪盈眶，如梦初醒。她痛下决心，“就算一辈子洗厕所，也要做到炉火纯青，成为一个洗厕所最出色的人”！终于有一天，她也可以当着别人的面，把自己洗过的马桶里的水盛出一杯，眉头皱也不皱地喝下去。从此，她的工作质量也达到了那位前辈的高水平，无论从事任何工作都力求达到完美和卓越，开始了她不断走向成功的人生历程。

几十年的光阴一瞬而过，如今她已是日本家喻户晓的政府重要官员，她就是日本前邮政大臣野田圣子。

资料来源：《前邮政大臣野田圣子——我要当日本撒切尔夫人》，见新华网，2004-09-20。

一、爱岗敬业对从业人员的作用

古人有“凡事不强则不枉，费敬则不正”的训诫；而今有“不爱岗就会下岗，不敬业就会失业”，“今天工作不努力，明天努力找工作”的说法。古今所强调的理念是共同的，即从业者如果缺乏敬业精神，就难以在职场上立足，企事业单位如果缺乏具有敬业精神的员工，其发展必然失去根基。

1. 爱岗敬业是反映从业人员道德素质的一面镜子

“爱岗敬业”是体现职业人道德观念的一个重要方面，是反映职业人道德素质的一面镜子。对于每个从业人员来说，个人的职业道德建设应该从日常工作、生活中做起，应该在日常工作和生活的一言一行中体现出来，而不能停留在空洞的口号和说辞上。因为，现代社会中人与人之间的关系，是每一位公民都为他人提供一定的服务，同时享受他人提供的同等价值的服务，是一种相互依存的关系。爱岗敬业，就是要在本职岗位上为他人提供优质服务，并期望自己也能同样获得他人提供的优质服务。

爱岗敬业，不仅是一种职业道德要求，也是一种道德水准的评价尺度。是否爱岗敬业，工作态度是否端正，办事效率高不高，工作成绩的好坏等方面都能体现一个职业人的道德素养。“爱岗敬业”不仅体现从业人员的精神面貌，而且是反映职业人道德风尚的主要途径。只有“爱岗敬业”，才能形成良好的服务意识，才能做好本职工作，才能有效地保证自己对社会作出贡献。

2. 爱岗敬业是影响从业人员成长、成功的重要因素

依据马斯洛需求层次理论，个人成长的需求是一种较高层次的需求。抛开生存需求和社交需求，个人成长的需求、人生价值的实现应该是一个人追求的较高目标。在爱岗敬业精神的指导下，每个从业人员通过扎扎实实学好专业知识，掌握职业技能，或者做好当前的一项工作，兢兢业业，出色地完成某一岗位的工作任务，就有可能实现自己从工作责任较小、技术含量较低的工作岗位向工作责任较大和技术含量较高的工作岗位提升的愿望。而如果没有爱岗敬业的精神，轻视普通的、一般性岗位和工作，那么重要的岗位将离自己越来越遥远。因为没有哪位领导会将一项比较重要的工作交给不认真去做事的人，这样的人在实际工作中必然失去发展的机会。

在现代职场，一个人成功概率的大小，与他的敬业程度的高低成正比。那么，怎样做才能提高敬业精神实现事业成功呢？答案就是要像珍视生命一样去珍视自己的职业和工作，并为之付出全身心的努力。其具体表现首先是学一行精一行，干一行爱一行，认真负

责，克服各种困难，做到善始善终；其次是视个人职业为光荣使命，勇挑重任，把敬业变成习惯；最后是在爱岗敬业、服务大众的过程中享受工作的乐趣。

不管我们将来从事什么职业，唯有敬业才能在自己的领域里出类拔萃。正确认识自己的工作，了解工作对自己生活的意义和对人生理想的意义，就能更加自觉地学习职业技能，不懈地提高职业素质，积极地履行工作职责，兢兢业业地完成工作任务。

养成爱岗敬业的习惯之后，或许不能立即为我们带来物质利益方面的好处，但可以肯定的是，如果没有爱岗敬业的精神，必然会形成不思进取的心态，必然会逐渐养成一种懒散的习惯，那么我们就不会有所成就。因为，当散漫、马虎、不负责的做事态度深入一个人的意识时，这个人做任何事情都会敷衍了事，结果就可想而知了。

实践证明，一个职业人是否爱岗敬业，直接导致人们职业结果的不同。不爱岗敬业的人得不到重用和提拔，工作也无业绩可言，成功的机会总是与他擦肩而过。而爱岗敬业的员工，其职业道德意识深植在他的脑海里，做起事来积极主动，并从中体会到快乐，从而能获得更多的经验，取得更大的成就。

许多人生的经验告诉我们：付出总有回报！只要你认真地工作，保持爱岗敬业的心态，就一定会有所回报。① 一个人无论从事何种职业，都应该尽自己最大的努力，争取不断的进步。这不仅是工作的原则，也是人生的原则。

二、爱岗敬业对企业的作用

爱岗敬业是企业重要的无形资产，是企业发展壮大的根本，是其竞争力的重要组成部分。离开了爱岗敬业这一重要的精神支撑力量，无论是企业还是事业单位，都无法走得很远，更谈不上发展壮大。

---

① 参见李建国：《敬业精神》，载《中国纤检》，2005（10）。

1. 爱岗敬业能协调企业内外部的各种关系

调节职业劳动过程中人与人之间以及各个行业之间的各种关系，从而促进社会主义市场经济的发展，是爱岗敬业的主要作用。

首先，爱岗敬业是一种竞争力。在行业、企业内部普遍采取竞争原则的情况下，敬业程度如何，必然成为衡量员工工作态度和工作结果优劣的一个标准。崇尚爱岗敬业的行业、企业，往往就会得到更大的利益。

其次，爱岗敬业起着振奋精神、催人奋进的作用。爱岗敬业包括对职业认识的提高，职业感情的培养，职业意志的锻炼，职业信念的确立，以及良好职业习惯的形成等多方面的内容。对各行各业的企业来说，不断提升员工爱岗敬业精神层次的过程，也就是企业不断获得发展、企业文化的魅力不断提高的过程。

再次，爱岗敬业能够调整职业内部和外部的各种关系。社会主义现代化建设是通过各种职业活动来实现的，它要求各行各业的人们在职业活动中发扬主人翁精神，忠于职守，做好本职工作；同时又要求各行各业之间要紧密团结，互相协作。即各行各业既要明确分工，又要通力合作。这种分工和协作的好坏，直接影响全社会的物质文明和精神文明建设。

总之，爱岗敬业是调整职业内部和职业外部各种关系的有力杠杆。以爱岗敬业为核心，大力推动职业道德建设是摆在企业面前的一项长期而艰巨的任务。①

2. 爱岗敬业是企业及从业个体实现利益和价值的保证

岗位和职业，既是一个人为社会服务和作出贡献的基本场所，也是一个人实现自己抱负和价值的基本途径。所以，爱岗敬业是对所有从业人员的普遍要求，对那些从事重要工作和特殊职业的人来说，爱岗敬业显得特别重要。

---

① 参见胡玲玲：《以爱岗敬业为核心推动职业道德建设》，载《中国职工教育》，2002 (11)。

首先，我国现在实行的是“以按劳分配为主体”的分配制度，按劳取酬、按质取酬、多劳多得、高质高价，是社会主义市场经济条件下从业人员获取报酬的主要方式。因此，企业通常要求员工做到爱岗敬业，努力工作，刻苦钻研业务，多出工作成绩，多出优良的成果，只有这样个人才能取得较高的报酬，企业才能最终获得更多的利益。

其次，当前我国市场竞争和人才竞争都非常激烈，产品在市场上的淘汰率及人才的更新率都呈上升趋势。企业只有不断跟踪市场变化，想方设法使自己的商品质量过硬，并领先潮流，才能立于不败之地。要做到这一点，在企业工作的每一个人都必须要有爱岗敬业的态度、精益求精不断进取的精神。不仅企业要如此，一个地方、一个部门、一个单位也都一样，无不要求自己的员工努力工作，与时俱进，保证企业在激烈的竞争中不被淘汰出局；同时，从业人员也只有忠于职守，视岗位如阵地，多干事、出效率、有成绩，才能避免被企业、部门、单位“炒鱿鱼”，才能更好地维护自己的职业岗位不被人取代，并在岗位上作出更好的成绩。

再次，重要的工作往往担负着重要的使命，特殊的职业常常有着特殊的责任。这就要求从事重要工作和特殊职业的从业人员做到爱岗敬业。如担任领导干部就是在从事一项重要的工作，因为领导干部拥有审批权、管理权、行政指挥权、命令权等多项权力，他们工作的对象是人民群众，工作范围是一个地区、一个部门或一个单位，如果他们不爱岗敬业，将有可能造成严重的损失和影响。再如，医疗医药行业是承载着太多人生命安危的行业，要求所有医务人员具有崇高的职业道德精神，工作认真专注、精益求精且服务热情周到、不弄虚作假、视病人如亲人，救死扶伤、治病救人。否则，医务人员任何的敷衍和疏忽都有可能造成误诊，延误病人的病情，甚至导致死亡。①

---

① 参见李德才：《加强领导干部职业道德建设的一个着力点——关于领导干部“爱岗敬业”问题的思考》，载《安徽农业大学学报》（社会科学版），2002（4）。

第三节　爱岗敬业的基本要求

引入案例

爱岗敬业，充实自我

我叫费云河，1980 年从山东临沂技校毕业分配到兴隆庄煤矿皮带队。在这个平凡而又艰苦的岗位上，一干就是二十多年。二十多年来，我从一名到了井下就发怵的青年，成长为区队管理人员，现担任机电副队长。实践使我深深感到，爱岗敬业是成长之本，钻研技术是成长之力。

必须做到干一行，爱一行。这里我想到国外刷盘子的事情。据说，日本一家餐厅规定，顾客用过的餐具必须刷洗七遍。我国一名留学生在此打工，天天的刷洗使他厌烦不已，有一次他刷洗到第六遍时已经感到很干净了，没有再刷第七遍。被老板发现后，立即遭到辞退。而他感到不解的是，再到其他餐馆找工作，别的老板已经知道他只刷六遍的经历，没有人再录用他。这件事说明，即使是资本主义国家，倡导的也是一种敬业精神。

必须做到钻技术，高技能。过去有句话，有理走遍天下，无理寸步难行。在科学技术日益发达的今天，有人把这句话改为“有技术走遍天下，无技术寸步难行”。这充分说明技术的重要。任何单位队伍精简，留下的都是工作拿得起，放得下，优于他人的职工。岗位竞聘，班组承包，技术过硬的职工往往得到青睐。

必须做到常充电，强素质。紧迫的形势任务，未来激烈的竞争，向我们提出了必须具备高素质和竞争力的要求。不断地充实自我，做到一专多能，达到“精一门，会两门，懂三门”，成为本职工作的“行家能手”，或成为掌握多种技能的“全面手”，练就一身过硬的真技术、真本领，才能提升个人职业再生能力。

资料来源：费云河：《爱岗敬业，充实自我》，见雷锋精神在线网站 www.lfjszx.com。

一、爱岗敬业必须树立正确的职业态度

职业态度就是劳动态度，它是各行各业的劳动者对社会、对其他劳动者履行各种劳动义务的基础。人们的劳动态度不仅揭示了劳动者在劳动过程中的客观状况，同时也揭示了劳动过程中人们的主观态度，即人们从事劳动的动机及其在劳动中的行为价值。人们是否乐于参加劳动，仅仅为个人利益劳动还是着重为社会公共利益劳动同时也兼顾个人利益；在劳动过程中是拈轻怕重、马虎应付还是不辞辛劳、全心全意。这些问题涉及如何看待和处理个人劳动和社会劳动的关系，涉及个人利益与社会利益的关系。这样，劳动、特别是劳动态度也就有了十分重要的、普遍的道德意义。对劳动采取什么态度，也就成为衡量人们道德水平的重要标志和尺度。

国外有心理学家曾做过这样的试验：选择一群非常优秀的人和一群平庸的人进行调查，以知道那些优秀的人之所以优秀，那些平庸的人之所以平庸的原因。结果非常令人吃惊：他们之间的最大差别并不是他们外在的能力，而在于他们的心理素质。心理素质决定了他们的外在能力。香港著名企业家李嘉诚，在每天晚上休息前，都会看一些科技或哲学方面的书籍，至少要看半个小时，然后才休息。香港还有个景泰蓝大王叫陈玉书，他过去很穷的时候就很爱读报。每天他都把别人看过扔掉的报纸拿回家，晚上学习。这种习惯，使他比别人成长得更快。正是这种学习态度使李嘉诚等优秀人才获得了许多新知识、新信息，并拓宽了思维空间，这种学习态度成为其事业不可或缺的重要部分。可以说，在很大程度上，是人的态度的不同造成了人与人之间的差别。

因此，现在很多企业都非常注重培养员工的敬业精神，以激发员工的积极性和创造力，努力使员工认识到，职业既是每个人服务社会、奉献社会的主要手段，也是实现个人理想和抱负以及自身价值的主要方式。我们只有注重培养自己的敬业精神，才能够做到把奉献作为自己的一种精神追求，并通过自己的职业行为服务社会、奉献社会。奉献，作为一种职业道德规范，意味着大公无私、超越自我、服从整体、先人后己。

在经济发展的今天，人才已不再是清高者，而是在市场中进取、接受合理配置、实现自身价值的群体。那么，什么样的人才算是“人才”呢？现代管理者认为：人才，应该除了具有诸如健康的身体、充沛的精力、宽和的心态、遇事不惊的练达等成分外，爱岗敬业是其先决条件和基础！

过去在计划经济体制下，我们每个人都要服从国家的分配，国家按计划把每个人安排到一定的工作岗位上，要求人们不论走上哪个工作岗位都要干一行，爱一行。

目前，在我国市场经济条件下，实行的是求职者与用人单位的双向选择，这种就业方式的好处，就是能使更多的人从事自己所感兴趣的工作，用人单位也能挑选自己所需要的合适人选。在社会主义市场经济条件下，双向选择的就业方式为更好地发挥人的积极性创造了条件。这一改革与爱岗敬业的要求并不矛盾。

首先，提倡爱岗敬业，热爱本职，并不是要求人们终身只能干“一”行，爱“一”行，相反，它要求从业人员通过本职活动，在一定程度上和一定范围内做到全面发展，不断增长知识，增长才干，努力成为多面手。我们不能把忠于职守、爱岗敬业片面地理解为绝对地、终身地只能固定在某一特定岗位上，而是选定一行就应该爱一行。合理的人才流动，双向选择可以增强人们优胜劣汰的人才竞争意识，促使大多数人更加自觉地忠于职守，爱岗敬业。实行双向选择，促进人才的合理流动，使用人单位有用人的自主权，可以择优录用，实现人力资源、生产资源的最佳配置；劳动者也可以根据社会的需要和个人的专业、特长、兴趣和爱好选择职业，真正做到人尽其才，充分发挥积极性和创造性。这与我们所强调的爱岗敬业的根本目的是一致的。

其次，求职者是不是具有爱岗敬业的精神，是用人单位挑选人才的一项重要标准。用人单位往往录用那些具有爱岗敬业精神的人。因为只有那些干一行，爱一行的人，才能专心致志地搞好工作。如果缺乏专注力，见异思迁，“干一行，厌一行”，不但自己的聪明才智得不到充分发挥，甚至会给工作带来损失。记得一位总经理曾对他的手下说：“如果你对你的工作没有一点责任心的话，你就是会造原子弹我也不会要你！”其实，这位总经理的要求并不高，只要那么一点责任心。曾被周恩来总理誉为“一面旗帜”的地质学家李四光说过：“一个人如果他抱定了为祖国的富强、为人类的幸福和前途服务的目的……去开辟人类浩瀚无际、光明灿烂的前景，那么，他的生活会是多么丰富、愉快、生动和活泼！”人的责任感和敬业精神，来自于对本职工作的热爱，来自于他把工作中取得的进步、业绩、社会认可等都作为自己生活快乐的源泉。同时，当国家需要与个人爱好发生矛盾时，应把国家需要作为自己的志愿，在工作实践中逐步培养兴趣。历史上这样的事例很多，如鲁迅原本学医，为了拯救国民的灵魂，弃医从事写作。孙中山原本学医，为了挽救民族危亡，弃医从事革命事业。

我们也看到，真正的人才是爱岗敬业的，并通过对事业的执著追求使自己更有所作为。事实证明，在市场竞争日益激烈的今天，人的工作态度比能力更为重要。十多年前，美国心理学博士艾尔森对世界100名杰出人士做了一项问卷调查，结果让他十分惊讶的是，其中有61%的人承认，他们所从事的职业并非是他们所喜欢的，至少不是最理想的。但这些人竟然能够在自己不太理想的领域里取得如此辉煌的业绩，除了他的聪颖和勤奋，他们到底靠的是什么呢？

纽约证券公司的金领丽人苏珊的经历极具代表性。苏珊生于中国台北的一个音乐世家，她从小就热爱音乐，但是她却阴差阳错地考进大学的工商管理系，尽管她不喜欢这一专业，但她却学得很认真，各科成绩很优异。毕业时，她被保送到麻省理工学院，并拿到了经济管理专业的博士学位。如今，已经是美国证券界风云人物的她依然心存遗憾地说："至今为止，我仍说不上喜欢自己的工作，如果能让我重新选择，我会毫不犹豫地选择音乐。"艾尔森博士问她："你不喜欢你的专业，为何又做得那么优秀?"苏珊说："因为我在那个位置上，那里有我应尽的职责，对工作认真负责，也是对自己负责。"

所以说，爱岗敬业必须要树立正确的职业态度。一个人是否有所作为，不在于他从事何种工作，只要是对社会有益、对人类有益，就有做的价值，就要做到干一行、爱一行、专一行，不能得过且过。任何一个尊重自己事业的人，都会把这种爱表现在自己所从事的工作岗位上。苏珊的话非常值得我们思考："因为我在那个位置上"，凝聚了她对自己所从事职业的敬重，反映了她对自己人生现实的准确定位。苏珊的故事给所有从业人员的启示是：当我们无法改变自己在工作中的位置时，却可以改变自己对所处位置的情感和态度，从而也使自己拥有一份骄傲的人生。

二、爱岗敬业必须树立正确的职业理想

职业理想是人们的职业行为和职业道德的一种开端性要素。它就是职业行为者在选择职业时对职业所抱的理想，可以贯穿于职业活动实践的始终。一般来说，职业理想主要包括三方面内容：维持生活，发展个性，承担社会义务。在社会主义初级阶段提倡职业理想应当努力使人们把个人、职业集体与全社会的利益科学地统一起来，认识到只有从整体利益着眼，广大社会成员（包括职业行为者自己）才能在过上幸福生活的同时真正使自己的个性获得全面发展。确立正确的职业理想不仅表明从业人员已经确立了正确的职业态度，而且更重要的是可以保证从业人员在具体职业实践过程中尽心、尽力、尽职、尽责，还可以保证他通过职业实践形成职业良心，达到更高的职业道德境界。因此，职业理想是职业道德发挥建

设和调节作用的保证。

社会主义职业道德所提倡的职业理想是以为人民服务为核心，以集体主义为原则，热爱本职工作，兢兢业业干好本职工作。即使自己所从事的职业不理想，也应该兢兢业业干好本职工作。现实生活中能够找到理想职业的人必定是少数，对于多数人来说，必须面对现实，去从事社会所需要而自己内心不太愿意干的工作。在这种情况下，如果没有“干一行，爱一行”的精神，那么你就很难干好工作，很难做到爱岗敬业。

三、爱岗敬业必须不断提高职业技能

与职业态度密切相关的是职业技能。一个人不论从事什么职业，都需要具备一定的职业技能。职业技能不仅能够在人们确立职业态度、明确职业理想的过程中起积极作用，而且也是职业理想付诸实现的重要保障。就我们目前的社会主义现代化建设而言，我们不仅需要大批高级专门人才，而且也需要大批具有一定科学文化知识和劳动技能的熟练劳动者。所以，不论从具体职业领域来看，还是就整个社会的发展而言，良好的职业技能都具有深刻的职业道德意义。社会的发展和科技的进步，给社会每个岗位都提出了越来越高的要求，所以每个从业人员都应该结合自己的工作需要，不断学习、提高，做到与时俱进。

邓建军，江苏黑牡丹（集团）股份有限公司科研组电气工程师，全国青年岗位能手、江苏省劳动模范。他所在的班组被命名为“邓建军科研组”，曾荣获全国职工职业道德百佳班组称号和全国“五一”劳动奖状。邓建军1988年中专毕业进厂，从事进口设备的维修保养和技改工作。多年来，他爱岗敬业、刻苦学习专业知识，坚持跟踪了解国际纺织机械电气自动化的最新技术，全身心地投入企业的技术发展和技术进步，成为具有时代特征的技术能手和知识型职工。染浆联合机是公司生产靛蓝牛仔布的关键设备，几小时不运转，损失就可能达几十万元。邓建军在1993年先后4次对染浆联合机进行改造，解决了连续生产不用停车的难题，仅此一项便为企业创造经济效益 3 000 多万元。与此同时，“改良”过的设备操作程序简化了，比同类进口设备更实用，而各项功能却毫不逊色。经邓建军改造后的染浆联合机，至今仍是保证企业的主要产品牛仔布质量的主要设备。他对进口设备的保养技术，多次受到外国专家的好评；他长年奋战在维修和技术改造的第一线，常常每天工作十几个小时。多年来，邓建军参与改造的项目有 300 多个，独立完成的就有 138 个，为该企业跻身于全国 131 家重点高新技术企业作出了突出贡献，被公司聘为唯一的主任工程师。[①]

四、爱岗敬业必须遵守职业纪律

职业纪律是调整职业实践的行为方式、保证行业内部行为一致并履行自己业已确定的职业道德规范的一种调节机制。它兼有法制、行政规范强制性和道德规范感召性的双重特征，它是在社会主义条件下完善各行各业的科学管理和提倡职业道德，并最终扩展到全社会实现由法制调节过渡到道德调节的必要中间环节。这也是把职业纪律作为职业道德范畴之一的重要根据。

职业纪律作为对从业人员职业行为进行监督的一种手段，实际上本身就反映着该社会中占统治地位的道德关系，是这些道德关系的维护者。当然，它的作用范围是有限的，它的作用对象大多是各行各业从业人员中道德觉悟处于低层次的那一部分人。这是由它的双重性质所决定的，但是毕竟职业纪律是参与职业道德调节的重要因素。道德和纪律的关系理论同样适用于职业道德和职业纪律。

社会主义的职业纪律，是建立在社会舆论力量和每个从业人员深刻的职业信念之上的，根本区别于资本主义社会那种经济强迫手段即“饥饿纪律”。虽然，在一定条件下，也有经济上、行政上的制裁，但它更多地体现着道德调节的作用。

要严格根据职业纪律这一范畴的特征，妥善处理好它与职业良

① 参见《爱岗敬业弄潮儿》，见雷锋精神在线网站 www. lfjszx. com。

心、职业义务等范畴的关系，使其在被提倡的过程中按照自己的特殊规律有效地在职业生活实践中起到应有的作用。要更多地注重发挥职业纪律中的道义因素，最大限度地调动从业人员的积极性、创造性，使从业人员通过对职业纪律的领会和掌握逐步向更高层次的道德境界前进。也就是说，使每个从业人员由遵守作为道德低级阶段的职业纪律，开始循序渐进地认识各自职业的社会需要和社会价值，从而使人们从不得不遵守职业纪律的外在束缚到逐渐养成良好的职业习惯，并形成牢固的良心感和尊严感，创造性地发挥自己的聪明才智，为全面履行职业义务尽职尽责。

此外，爱岗敬业还必须正确处理选择职业与个人自身条件的关系。选择职业应根据自身条件，不能好高骛远。即使一时找不到理想职业，无论在哪一个岗位上，也应该工作一天就兢兢业业做一天，只有这样，我们才能无愧于自我，无愧于社会的希望和培养。无论身处何地，坚守住岗位，才能最终为自己打造出一片事业的天空。

本章小结

本章主要阐释社会主义职业道德的基本规范之一——爱岗敬业，主要内容包括以下几部分：

1. 爱岗敬业是为人民服务和集体主义精神的具体体现，是职业道德一切基本规范的基础。所谓爱岗，就是热爱自己的岗位，热爱自己的本职工作，能够为做好本职工作尽心尽力。所谓敬业，就是以极端负责的态度对待自己的工作。整体来看，爱岗敬业是指从业人员在特定的社会形态中，认真履行所从事的社会事务，尽职尽责、一丝不苟的行为，以及在职业生活中表现出来的兢兢业业、埋头苦干、任劳任怨的强烈事业心和忘我精神。爱岗是敬业的前提，敬业是爱岗情感的进一步升华，是对职业地位、职业价值、职业责任、职业荣誉的深刻认识与践行。

2. 爱岗敬业具有以下四个方面的特征。热爱本职，对本职工作有强烈的事业心；忠于职守，对本职工作有高度的责任心；钻研业务，对本职工作有不断的进取心；讲究科学，对本职工作有严格的求实心。

3. 爱岗敬业对个人的作用：第一，爱岗敬业是反映从业人员道德的一面镜子；第二，爱岗敬业是影响个人成长、成功的重要因素。爱岗敬业对企业的作用：第一，爱岗敬业是调节企业内外各种关系的重要手段，表现在三个方面：首先，爱岗敬业是一种竞争力，崇尚爱岗敬业的行业、企业往往就会得到更大的利益；其次，爱岗敬业起着振奋精神，催人奋进，不断攀登思想和道德高峰的作用；再次，调整职业内部和外部的各种关系。第二，爱岗敬业是个体和企业实现利益和价值的保证，其具体作用表现在以下三个方面：首先，“按劳分配”原则，迫使企业要求员工做到爱岗敬业，才能实现企业和个人利益的最大化；其次，剧烈的市场竞争机制迫使企业要求员工做到爱岗敬业，才不至于被淘汰出局；再次，每个行业的特殊性迫使企业要求员工做到爱岗敬业，才能充分履行行业应该担负的社会责任和历史使命。

4. 爱岗敬业的基本要求。爱岗敬业必须树立正确的职业态度；爱岗敬业必须树立正确的职业理想；爱岗敬业必须不断提高职业技能；爱岗敬业必须遵守职业纪律；爱岗敬业必须正确处理选择职业与个人自身条件的关系。

思考题

案例一

文明礼貌是从业人员内在修养的外在表现

一天下午，某电器修理部一名男服务员正在聚精会神地看电视转播的足球比赛。这时，一个小青年抱着一台彩电进来，请求修理。他叫了一声服务员，服务员没有听见。小青年就用手拍了一下服务员的肩膀，服务员感到受了侮辱，就沉下脸来对小青年说：

"有话好好说，不要动手动脚，你放规矩点。"小青年听了这话，怒气冲冲地说："你没带耳朵来？我叫你为什么不理睬？用手碰你一下怎么了！"服务员说："你再敢碰我一下，我就对你不客气。"小青年也不甘示弱，两人扭打在一起。很快，围观的人越来越多，修理部里秩序大乱。

资料来源：北京劳动保障网，2004-07-06。

1. 电器修理部服务员在上班时间看电视的行为，违背了职业道德规范的哪项要求？

2. 小青年出口伤人，服务员打了他。对服务员的这种做法，你的看法是什么？

案例二

细节决定成败

1970年美国进行导弹发射试验时，由于操作员把某一个螺母少拧了半圈，导致发射失败。1980年"阿里安"火箭第二次试飞时，由于操作员不慎将一枚商标碰落，堵塞了燃烧室喷嘴，导致发射失败。1990年"阿里安"火箭爆炸，是由于工作人员不慎将一块小小的擦拭布遗留在发动机的小循环系统中。

资料来源：北京劳动保障网，2004-07-06。

1. 结合以上案例，你认为上述事故主要是是什么原因造成的？
2. 关于上述事故，你的感受是什么？

案例三

"争创一流、务实守信、勇攀高峰"的北京雪莲

北京雪莲羊绒股份有限公司始建于1964年，是中国第一家全能生产羊绒制品的纺织企业。从1989年下半年起，雪莲公司失去

了国外的订单，市场疲软使企业陷入了空前的困境，多数员工被迫下岗回家。在这危难之时，李元征被调到公司担任总经理。当时企业背负着4 000万元的亏损，从何处入手扭转局面呢？李元征认为首先应该抓的是企业的文化建设和员工的思想道德、精神面貌问题。他上任后，第一次召开领导班子会议，就明确提出公司必须要铸造一种新的企业文化精神和企业职业道德规范，这就是：协调、拼搏、求实、开拓。协调就是讲团结，全公司要一条心、一盘棋、一股劲；拼搏就是要有摆脱困境、卧薪尝胆的精神；求实就是要说实在话，办实在事，不做虚功；开拓就是要树立雄心壮志。正是以这种精神为支柱，李元征请回了下岗的员工，赢得了员工的信任和支持，增强了员工战胜困难的信心。通过大家的齐心努力，不到一年，公司就扭亏为盈。

如今雪莲公司已经拥有世界最先进的纺织技术和专门用于羊绒生产的配套设备，具有年产羊绒衫100万件，羊绒纱300吨，分梳绒180吨的生产能力。公司生产的以名贵的山羊绒为原料的“雪莲”牌羊绒制品，不仅备受国内外消费者的青睐，同时，也是我国领导人赠送给来访国家元首的国宾礼品。公司始终坚持争创一流、务实守信、勇攀高峰的企业精神，荣获了“国家产品质量免检证书”、“北京市著名商标”、“北京名牌产品”和“全国毛针织优质精品”等称号。2002年，被国家授予“中国名牌”荣誉称号，2003年被北京市地税局评定为“纳税信誉A级企业”，被北京工商局授予“守信企业”称号。

资料来源：许启贤主编：《国家职业资格培训教程——职业道德》，31页。

根据案例，说明员工的职业道德水平对企业发展的价值究竟是什么？

第四章

诚实守信

本章引言

诚实守信，即从业者在履行岗位职责的过程中诚实劳动、讲求信誉。诚实劳动，即从业者在职业活动中以诚实的态度对待自己的劳动和工作。讲求信誉，即从业者在职业活动中做到实事求是、诚实守信，对工作精益求精，注重产品质量和服务质量，从人民的利益出发，忠诚地履行自己的职责。它是职业道德中一项重要的规范和要求，直接关系到社会主义经济信用体系的建立和发展。

本章学习目标

- 了解诚实守信的基本含义
- 明确诚实守信的特征
- 理解诚实守信对个人和企业的作用
- 把握诚实守信的基本要求

第一节 诚实守信的含义及特征

引入案例

诚信的种子

一位贤明的国王，决定从众多的孩子中挑选一个，培养成未来国家的栋梁之材。国王的方法很独特，他给每个孩子发了一些花种，并宣布谁能培养出最美的花朵，谁就能够成为未来得到国家重用的人才。孩子们得到种子后，开始精心培养。他们从早到晚浇水、施肥、松土，谁都希望自己能够成为那名幸运儿。有一个贫穷的小男孩儿也分到了一些花种，虽然尽心尽力地培育，但是花盆里的种子始终没有发芽。他感到很沮丧，但是仍然决定前去参加比赛。比赛的日子到了，孩子们穿着漂亮的衣服走上街头，他们捧着盛开的鲜花，盼望国王的垂青。国王乘着马车缓缓地巡视在花海里。但是，面对朵朵争奇斗艳的鲜花，他始终一言不发，也没有给出任何评点。直到看到那个捧着空花盆的小男孩儿，他脸上才露出微笑，并宣布：这个小男孩儿赢得了这场比赛。原来国王发下去的所有花种全部是煮过的，根本不可能发芽开花。

资料来源：[美] 保罗·詹森：《诚信的种子》，北京，机械工业出版社，2005。

一、诚实守信的含义

诚实，就是指外在言行跟内心思想的一致性，不弄虚作假、不欺上瞒下，言行一致、表里如一，做老实人、说老实话、办老实事，做到真实无欺，既不欺人、也不自欺，为善弃恶、忠诚正直、光明磊落。守信，就是要遵守诺言、讲求信誉，注重信用，忠实地履行自己应当承担的责任和义务。诚实和守信二者是紧密联系在一起的。诚实中蕴涵着守信的要求，守信中又包含着诚实的内涵。因此，从综合起来的角度看，对诚实守信内涵的理解应该包含以下几个层面的意思：

第一，真实。真实，从认识论角度来说，是指事物“是其所是”的一种状态，是事物的本来面目，也是人基于对事物的认识表现出来的一种态度和判断结果。当它应用到道德领域，延伸出诚实和真诚的意思，要求人们无论对自己还是对他人，不能欺诈蒙骗、弄虚作假、伪装矫饰。中国古代的道德教育中有“毋自欺”“真实无妄”“不欺于中”“不妄于外”等思想，南宋著名的思想家陆九渊说：“由其不欺于中而言之，则名之以忠；由其不妄于外而言之，则名之以信。”（《陆九渊集》卷三十二）儒家典籍《大学》有曰：“所谓诚其意者，毋自欺也。”因此，真实是诚实守信的内核和基础，是判断一个人的言语和行为是否诚实可信的前提条件。

第二，信用。一般社会领域中的信用，指的是一个人或组织兑现自己承诺的意愿和能力的大小，更多地体现为一种道德要求和道德自觉，它适用于社会生活各个领域之中，包括政治、经济、文化、科技等领域。但今天，“信用”一词更频繁地被使用在经济领域之中，指一个人或组织履行合同的意愿和能力的大小，更多地体现为符合法规的要求。无论是作为一种道德要求，还是作为经济行为中符合法规的要求，均包含着一个基本的宗旨，即要求人们做到信守约定、践行承诺、履行规约，不失信、不违诺。

第三，相互信任。信任就是一方基于对另一方的真诚度和守信度的判断而形成的，相信对方能够兑现承诺以满足自己需要的一种比较稳定的态度。它是诚实守信内涵中的最高境界，交往的双方彼此之间要没有怀疑和猜忌，做事不要相互欺瞒，也不要有阳奉阴违的状态。如果说诚实守信对于每个个人或组织的内心要求是诚实、真实、真诚的话，那么对于每个个人或组织的外在行为表现就要求信守约定、践行承诺、履行规约，这样才能达到个体之间、组织之间、个体与组织之间的相互信任。

诚实守信作为中华民族传统美德之一，对中华民族的发展起着极其重要的作用。中国的古语中就有“言必信，行必果”“一言既出，驷马难追”等，这些千百年来流传的话，形象地表达着中华民族诚实守信的优良品质。诚实守信被儒家视为“进德修业之本”、“立人之道”和“立政之本”。在《大学》的八条目——即格物、致知、诚意、正心、修身、齐家、治国、平天下——中，就把“诚意”作为修身、治国的重要环节，孔子不仅提出“人而无信，不知其可”的思想，而且把“民无信不立”（《论语·颜渊》）提到治国安邦的高度，作为治国安邦的三大法宝（足兵、足食、民信）之一来看待。在古代商业领域中，“市不二价”“买卖公平”被视为善德的首要原则。“经营商业，首重公平”是“关于商业兴旺之一大宗旨也”（《明清苏州工商业碑刻集》）；讲求信誉、货真量足，才称得上“廉商”“诚商”，宋代周敦颐对诚信做了人性论的证明，说明“诚”是“人性之本”“百行之源”，诚实守信便成为商人的人格追求和立业之本，也成为他们处理与顾客、顾主、仆人、国家等关系的重要准则。可见，诚实守信不仅被作为提高道德修养的重要途径，也被视为道德修养的最高境界，作为中华传统美德被一直传承下来。

诚实守信作为社会主义职业道德的基本规范之一，是社会发展的必然要求。《公民道德建设实施纲要》中提出，我国社会主义职业道德的基本内容为“爱岗敬业、诚实守信、办事公道、服务群众、奉献社会”，这些内容都是我国社会主义职业活动应该遵循的职业道德规范。诚实守信作为其中的一个重要规范，在推进社会主义市场经济体制建立和发展的过程中具有十分重要的作用。这是由市场经济运行的特性决定的，市场经济从其正常的运行特性即实施资源有效配置、实现利润最大化等要求来看，必须要求交易双方和交易过程公平、诚信，自觉遵守和履行合同或契约等才能使经济秩序正常，才能最大限度地降低交易成本。随着市场经济的深入发展，职业分工专业化程度越来越高，职业活动的范围也越来越大，越来越多的行业活动不再局限于某一地区、某一国家，甚至扩展到全世界，许多商业活动不可能再局限于熟人社会或见面洽谈的交易双方之间，不少商业活动只能通过电话、传真或网络等通信工具，在从未谋面的双方之间展开。这样诚实守信的职业操守就显得越来越重要，并且成为每一个从事商务活动的个人和组织必须具备的职业品质。它不仅是个人安身立命的基础，也是企业赖以生存和发展的基石，是市场经济发展的内在要求。

二、诚实守信的特征

诚实守信不仅作为一种社会道德要求存在着，也作为职业道德中的一种重要规范存在着，它对参与职业活动的人们的思想和行为起着重要的引导和规约作用。与其他职业道德规范相比，它有自己的鲜明特点。

1. 言行一致、知行统一

语言和行动，认识和行为的高度统一是诚实守信最基本的要求之一，也是诚实守信的一个基本特征。主要表现在实事求是、真实无欺、言行一致这三个方面。首先，它要求人们以客观公正的态度来面对事物，强调事物的客观性和真实性；其次，它要求人们做到真实无欺，这既是一种价值选择也是一种行为表现，要求人们在为人处世过程中要尊重客观事实，要讲求公平和公正，不能欺负弱小，唯利是图；再次，它要求人们实事求是、真实无欺，做到言行一致，在为人处世过程中要遵守自己的诺言，言必信，行必果，不能说一套做一套。言行一致、知行统一是诚实守信最基本的要求，也是诚实守信最基本的表现形式。

2. 自律与他律的不可或缺性

诚实守信作为一种道德规范，不仅需要行为人本身达到内心自律，同样也需要依靠法律的约束。道德与法律作为规约人们行为的手段，二者在功能上是互补的。在市场经济条件下，诚实守信既是一种道德要求，也是一种法律要求；既是个人或组织安身立命的基本道德准则，又是防止个人和组织突破道德防线的法律约束机制。因为，随着市场经济的发展，人们在日常的生活中面临着越来越多的物质利益诱惑和“享乐”诱惑，内心的道德防线受到前所未有的冲击和挑战。在道德的自我约束能力无法完全有效地起到规约人们行为的作用时，依靠法律的他律手段来规约就显得十分必要了。因此，市场经济既是信用经济，又是法制经济。企业作为市场主体，在经济发展中不仅需要具有共同的文化价值认可来形成强大的道德约束，同时也需要依靠法律的手段来达到他律的强制规约。除此之外，在市场经济活动中，社会舆论的监督也是一个重要的外在约束手段。舆论的监督也可以成为一股强大的监督压力，这种无形的压力就像一张无形的网，可以将生活于这个社会之中的每一个人，每一个组织、企业都纳入其中。可以说，诚实守信是道德的自律性和法律、舆论约束性的有机统一，是三者相互作用的结果，这三者之间相互补充，相互促进。

3. 质量与信誉的内在一致性

在现代市场经济活动中，质量是企业的生命，信誉是企业的灵魂，诚实守信是使二者在企业生产经营过程中得以实现的重要保证。竞争性是现代市场经济的一个重要特征，市场上企业间的竞争，归根到底是企业间产品质量和服务质量的竞争，而良好的产品质量和服务质量又是企业树立良好信誉的基础，是企业信誉的物质载体。没有良好的质量，信誉就如空中楼阁失去了基础，失去了依托，企业的市场竞争力也就无从谈起。因此，产品的质量与企业的信誉度、市场竞争力是呈正比发展的。同时，企业或个人建立良好的信誉之后，这种良好的信誉又能够反过来，在企业内部形成一种内在的监督力量，促使员工生产更多、更好的优质产品，提供更多更好的服务。这是市场竞争对企业发展的必然要求。

4. 利他与利己的互利双赢性

无论诚实守信规范是以自律方式存在，还是以他律的要求迫使人们遵守，都是市场经济发展的必然要求。对顾客而言，个人或企业能够首先站在顾客的立场上，想顾客所想、急顾客所急，真心实意、尽心尽力帮助顾客排忧解难，为顾客提供所需的优质产品和优质服务，这就是他们在消费过程中所期盼的结果。对从业人员而言，诚实守信有利于提高工作效率，增加劳动收入，同时也有利于事业发展。对企业而言，当企业能够自觉提高产品质量和服务水平，顾客必然垂青于这样的企业，这样的企业必然能够在市场竞争中为企业树立良好的信誉并开拓更加广阔的市场，这其间自然也蕴涵着巨大的经济效益。所以，诚实守信既是一种利他的行为，也在利他的过程中包含着利己的成分，具有利他和利己的互利双赢特征。

第二节 诚实守信的作用

引入案例

中国失信破产第一案：南京冠生园事件

2002 年 4 月中旬的人民日报以《失信破产第一案——南京冠生园失信破产案纪实》为题，披露了南京冠生园这家有着 70 年历史的知名企业在 2001 年中秋节前用陈馅翻炒后再制成月饼出售。事件被曝光后，冠生园最终以“经营不善、管理混乱、资不抵债”为由，于 2002 年 4 月向南京市中级人民法院申请破产，从此走上不归路，成为信誉破产第一案。企业行为是一种社会行为，必须拥有良好的道德素质和职业道德。丧失了商业使命感的企业家和丧失了最起码商业道德的企业，终究被逐出这个行业，也不会或不应该让人同情，因为企业既要对员工负责，又要对社会负责。其实，近年来企业各类失信行为令人触目惊心。不讲求信用，必会使企业付出沉重的代价。冠生园输在企业信用的缺失。这对其他公司是惨痛的教训，促使它们防患于未然，避免重蹈覆辙。

资料来源：李新华：《中国失信破产第一案：南京冠生园事件》，载《西陆观察》，2001-12-03。

一、诚实守信对从业人员的作用

建设中国特色社会主义事业，不仅需要知识和技术上的专家、能手，也需要具有较高思想道德觉悟的人。诚实守信对促进每个从业人员的健康成长和事业成功具有重要的作用。

1. 诚实守信有利于促进从业人员身心健康

健全的身体和心理对个体的成才与发展起着举足轻重的作用，而且身体健康和心理健康也是人全面发展的重要生理基础，加强诚信修养对个体的身心健康大有裨益。马克思主义认为人的本质就是“社会关系的总和”，一个人的生存和发展所需要的各种条件都是在与他人的交往中得到实现和满足的。在人与人交往的过程中，如果做到心胸坦荡、诚实、正直、守信，做事光明磊落，始终保持一种平衡的心态，就能够协调与控制情绪，保持心境良好，内心宁静和谐，从而保持人与人、人与社会和谐的关系，进而有利于心理健康。医学和心理学的实验都证明，良好的心理状态能够把人们身体的血液流量、神经细胞的兴奋度调节到最佳状态，从而增强肌体的抗病力，促进人的身心健康。相反，那些违背诚实守信、有悖于社会道德准则的人，处心积虑地编造种种借口去掩饰自己内心的行为，这些违背人本来意志的行为会使人产生压抑、紧张、恐怖、内疚等心态，严重的将寝食难安、惶惶不可终日，进而有碍健康。这种精神负担和不良情绪将对人的神经中枢、内分泌系统造成不良影响，干扰人的各种器官的正常生理代谢，降低人的免疫能力，使人最终在恶劣的心境重压下病倒或早衰。因此，做一个真诚、诚实、守信、坦荡的人，是我们健康成长的需要。

2. 诚实守信是从业人员生存和创业的根基

诚信既是生存之道，又是立业之本。如果一个人做事不讲信用，必然失去朋友的信任、失去合作伙伴的信任，事业的发展也就无从谈起。任何一个企业为了谋求公司的生存和发展，都在积极寻找和培养能够诚实劳动，认真履行工作职责，保质保量地完成公司分配的各项任务并能够为企业创造更多财富的员工。只有满足这些条件的员工才能得到公司的认可，领导的赏识，并获得自己所期盼的福利待遇和更多的晋升机会。因此，诚实守信既是从业人员创业的根基，又是从业人员立业、兴业的核心要素。美国前总统亚伯拉罕·林肯从事过很多工作，但不管干什么工作，他都非常认真负责，诚实守信。他做店员时，一个顾客多付了几分钱，为了退还，他跑了十几里路；另一次，他发现少给了顾客二两茶叶，就跑了几里路把茶叶送到那人家中。在他当上律师时，许多穷人没有钱付给他劳务费，但只要是正义的，林肯就会免费为他们辩护。林肯后来在政坛上取得的辉煌成就与他的诚实守信品质是分不开的，诚信使他赢得了大家的认同、欣赏，为他的事业发展打下了扎实而良好的人际基础。

3. 诚实守信是衡量个人道德修养的重要标准

重视“修身养性”是中国伦理道德中的重要思想，古人认为“修身—齐家—治国—平天下”是人生的基本追求和人生发展的逻辑进程，修身是齐家、治国、平天下之根本。一个生活有意义的人不仅应该在事业上有所成就，而且有着更应该具有高尚的道德品质。

在个人修养提高的过程中，塑造良好的人格是非常重要的。而人格的核心就是正直和诚信。从这个角度看，诚实守信就是修身养性的重要途径，是提高个人素质的重要方法，同时，它也是衡量人的修养的重要尺度。

随着市场经济的发展，我国的用人制度由国家统一分配逐渐过渡到以实行双向选择为主的用人机制。招聘单位逐渐由注重对从业人员知识、技能的考察转向注重对其综合素质的考察，特别是注重对从业人员爱岗敬业、诚实守信、团队精神等职业道德品质的考察。不仅中国企业如此，国外一些资本主义国家对员工职业道德品质的要求在一定意义上比我们更严格、更挑剔。据报道，在德国有一位中国留学生，毕业后到各大公司应聘，但去过几家公司之后都没有被录用，这位留学生感到很愤怒，他认为这是招聘方的种族歧视。最后一家公司的老板告诉他，他的其他条件都合格，就是因为在他的个人信用卡上有两次乘地铁逃票的记录。这些公司根据这些资料掌握了这位中国留学生在诚实守信方面的相关信息，并以此作为拒绝录用他的原因。① 由此可以看出，诚实守信不仅是加强修养的一个重要途径，也是衡量一个人职业品质的重要尺度，对从业人员安身立命、事业发展、人格发展都具有重要影响。

二、诚实守信对企业的作用

诚实守信不仅对个人的生活和事业有着重要的影响，同时对于企业的生存和发展，也有着极其重要的作用。诚实守信不仅是企业生存和发展的内在要求，也是企业的一笔无形资产。

1. 诚实守信是企业生存和发展的内在要求

诚实守信是企业生存和发展的基础，也是现代市场经济发展的内在要求。在现代市场经济交往活动中，市场和企业的运行过程，主要依赖于四个方面的关系。这四个方面的关系是雇佣关系、租赁关系、借贷关系和买卖关系。如果这四种关系运行良好，就能够为企业的发展营造良好的内部和外部环境，最终达到发展企业，服务社会的目的；如果运行失常，企业和整个社会的经济都会受到严重的阻碍。而这四种关系能否正常有序地运行，一个重要条件就是企业能否遵循诚实守信的职业道德规范。

第一，企业内部良好的雇佣关系需要诚实守信来维护。雇佣关系是企业内部的一种合同契约关系，它的和谐程度对企业的发展产

---

① 参见杜爱玲：《职业道德与职业指导优秀教案选编》，128 页，北京，高等教育出版社，2004。

生重要的影响。俗语说天时不如地利，地利不如人和，强调的就是企业内部人际关系和谐的重要性。诚实守信在雇佣关系中表现为两个方面：一方面，要求员工树立与企业同呼吸、共命运的意识，培养组织忠诚感、责任感，在实际工作中做到诚实劳动，关心企业的发展，遵守与企业签订的合同或契约，像维护自己的声誉一样维护企业的信誉，保守企业的秘密。另一方面，企业也要对员工做到诚实守信。企业要严格履行合约，按照劳动合同及用工协议，按时、足额发放工资，为员工提供必要的劳动保障、福利待遇和培训发展机会，以诚实守信的管理制度来赢得企业员工对企业文化和规章制度的认可和信任。如果企业违背诚实守信原则，员工就会对企业的管理和规章制度产生怀疑和不信任，企业的正常秩序就会受到影响，日常的管理也难以持续，这将严重干扰企业的正常生产经营活动，使企业由于内部的分化而走向衰败。这两个方面，偏离任何一个方面，企业都不可能获得良好的运行和发展。

第二，经济活动中租赁关系的有效运行离不开诚实守信规范的规约。市场经济是开放的经济，基本特征就是资源共享，这为租赁关系的产生提供了平台和空间。在现代市场经济活动中，企业的正常运营离不开与其他企业在资源方面的共享。企业为了在发展过程中实现对资源的有效利用，不可能使生产和经营过程中每一个环节的生产资料都归自己所有再开始运行，或租场地、或租设备，这是生产经营过程中常见的环节。企业间的这种租赁关系是指出租人在承租人给予一定报酬（通常是定期支付租金）的条件下，授予承租人在约定的期限内占有和使用租赁财产的契约关系。在租赁关系中，企业的诚实守信是租赁关系得以展开和正常运行的信誉保证。因为，租赁关系也是一种合同契约关系，必须以彼此双方的诚实守信作为合作的基础。如果租赁的双方有任何一方违背了契约或协议，租赁关系就会受到阻碍甚至终止；如果整个社会租赁交易的信用度普遍偏低，那整个社会的租赁关系必然不发达，即使不得已必须进行交易，为了降低交易的风险，不仅要寻找可靠的担保、抵押，而且还要进行完备的法律公正等。虽然这些环节对保证交易正常进行有积极的促进作用，但势必使交易的成本大大增加。因此，为了使市场经济中的租赁交易得以正常、顺利、有效地进行，必须遵循诚实守信的职业道德规范。

第三，良好借贷关系的建立离不开诚实守信品质作为保障。市场经济活动中的借贷关系是指企业法人之间或企业法人与非法人经济组织之间，由一方向另一方给付一定数量的货币，并要求接受给付的一方在约定的期间内归还相同数量的货币，同时支付一定数量的利息或利润而产生的权利义务关系。一个企业在一定时期内的固定流动资金是有限的，在日常的运营中难免会出现资金短缺的现象，这时就需要向其他市场主体暂借资金，从而也就产生了双方的借贷关系。在借贷关系中，诚实守信就如一种承诺，一种保证。对于一个信用度不高的企业，无论是银行、企业还是个人，都不会轻易将自己的资金借贷出去，因为，如果把资金借给信誉度不高的企业，风险系数会大大攀升，无异于把资金扔进大海，有去无回。信用度不高的企业既无法在经济困难时得到帮助，也无法在市场交往中建立良好的伙伴关系，其发展势必受阻。可见，诚实守信是企业在经济交往中与外部建立良好借贷关系的基础和保障。

第四，良好持久的买卖关系离不开诚实守信。在市场经济活动中，买卖关系是企业生存发展的一个最重要环节，企业存在的价值是通过买卖关系来体现和实现的，而买卖关系的正常进行离不开企业的诚实守信。企业的诚实守信就是企业要以优质的产品和服务来赢得市场和顾客的认可，这是企业的生存之道，也是市场交换的必然要求。产品只有得到顾客的信任才能形成市场，企业才能有效益，才能生存和发展。古语有云，“诚者天之道也，诚者人之道也，诚者商之道也”“诚招天下客，誉从信中来”。实践也证明，如果在买卖关系中企业违背诚实守信原则，那么，企业的交易成本就会大大增加，同时交易的范围也会缩小，企业就无法正常地运行下去，从而导致企业丧失自己的立足之地，更谈不上继续存在和发展壮大。所以，在买卖关系中，企业必须要以诚实守信的规范来严格要求自己，以诚实守信的良好信誉来争取更多外部市场和顾客的认可，使买卖关系能够正常进行，从而使企业得到正常发展。

2. 诚实守信是企业的无形资产

诚实守信作用的大小取决于企业的发展战略和社会信用的发达程度。如果企业只想“过把瘾就死”，那么诚实守信就可以被抛于脑后。但如果企业还想谋求发展，诚实守信则是最基本的，也是最有用的“武器”。在信用不举的社会里，诚实守信的作用比较有限，甚至遵守信用的企业可能还会吃一些眼前亏。即使如此，顾客为了减少交易成本或为了安全、舒适起见，仍然会给予诚实守信更多的关注，对诚实守信的企业情有独钟。无数事实说明，诚实守信是最靠得住的战略。缺少诚实守信的企业经受不住市场大浪淘沙的严峻考验。国外的安然公司、世界通信公司，国内的秦池酒厂、三株口服液、飞龙集团的“伟哥”以及牟其中的南德公司，无不是由于缺少诚实守信而走上了不归路。

市场经济的本质特征是“优胜劣汰”。质量是用户选择商品的第一要素。“质量是企业的生命”已成为不争的事实，抓好产品质量和服务质量是企业立足市场、长盛不衰的根本保证。随着生活水平的不断提高，人们对产品质量的要求越来越高，消费者之所以选择名牌产品，是因为确信名牌产品有质量保证。中国的海尔、日本的丰田、美国的强生等企业之所以成功，与其过硬的质量保证有着密切的关系。这些企业成为一种信誉形象的代言人和优质服务理念的象征，成为实现企业文化价值理念和终极目标的成功典范。它们的共同特征说明，产品质量和服务质量既是对顾客负责、对企业负责精神的体现，也是对顾客和企业自身诚信的体现，是既不欺人，也不自欺的诚信品质在商业活动中的体现。企业的产品和服务质量是企业价值的物质载体，是企业的有形品牌；企业通过高质量产品和高质量服务形成的良好品牌形象是企业的一种无形资本，是企业的精神品质、社会责任和社会形象的体现，经济利益只是它的副产品，它的建立又反过来对经济利益的提高有积极的促进作用。

总之，我国目前正处于建设和完善市场经济体制的关键时期，中国企业首先要做的是必须加快建立适应我国市场经济运行的诚信制度，构建整体诚信机制，形成一整套提升企业信誉度的行为规范，把企业的经济价值取向与诚实守信的道德价值取向统一到诚实守信的行为中来，这是企业增强创新优势和面对国内外激烈竞争态势的必然选择。

第三节　诚实守信的基本要求

引入案例

一次“失信”引发的震荡

山西省永济市发展食用菌种植已经有25年的历史，其食用菌品种多，规模大。2002年年初，一位山东客商慕名前来，与当地70多户菇农做出口头约定：2002年，永济菇农向山东客商提供70吨真姬菇，山东客商投资10多万元为菇农提供先期保鲜设备。合同期5年，需求量逐年增大，产品按质论价。一纸订单使永济市一跃成为出口日本蘑菇罐头的重要原料产地。当年兑现合同，户均收入1万多元。到2003年，全市仅真姬菇种植农户就有120余户，年产量180余吨，价格高达1.1万元/吨，产品全部被客商按单收购，客商满意，菇农高兴。但当口头合同进行到第三年时，情况发生了意外。2004年，山东客商需要180吨真姬菇，当菇农们正准备腌制集中起来的真姬菇时，市场传出有客商欲出高价收购真姬菇的消息，菇农们不顾山东客商的苦苦相求和协商，单方毁约，最终使山东客商收回投资离去。单方毁约不仅没有为菇农带来可观的收入，反而使菇农损失惨重。因为最后发现传说中的高价客商根本不存在。本想卖高价的 180 余吨真姬菇全部压在家里，原本 0.95 万元/吨～1.2 万元/吨的真姬菇，在此后的两年间只能卖到 0.2 万元/吨～0.5 万元/吨。据统计，永济市 180 吨真姬菇如履约销出，可收入 180 多万元，户均 9 000 多元。因为不守信，收购企业再也不愿意上门下订单，2004 年至 2005 年永济真姬菇销售一度处于历史低谷，原来的真姬菇卖方市场成为买方市场，全市菇农从 120 多户陡降至 10 户以下。失信使永济真姬菇失去了市场，给农民带来经济损失。后来，经过当地工商部门的帮助，菇农吸取教训，学习了合同法，并严守信用，重新赢得了客商的信任。

资料来源：鲍丹：《一次“失信”引发的震荡》，载《人民日报》，2006-07-09。

一、忠诚所属企业

拥有忠诚的员工，是企业所拥有的一笔巨大财富。企业的物质资源是流动的，会快速地消耗掉，但人力资源却是一笔可以无限增值的财富。前通用电气公司总裁杰克·韦尔奇曾经说过：“任何一家想竞争取胜的公司必须设法使每个员工敬业。”在人力资本越来越重要的今天，如果人才大量地流失，损失的不仅是企业培训员工的成本和重新雇用新员工的投入成本，更为重要的是这些流失的员工极有可能带走关乎企业命运的商业秘密。因此，员工对所属企业是否忠诚是一个关系到企业生死存亡的重要问题，忠诚所属企业是对每一个员工职业道德的要求，它包括以下几个方面的内容：

1. 诚实劳动

诚实劳动就是把实干、积极、创造的精神，通过物化劳动即劳动成果，转化为反映经济效益的物质财富和反映社会效益的精神财富，或者以为他人提供了实实在在的某种服务为表现形式。诚实劳动既是个人谋生获取消费资料的手段，又是为社会作奉献，实现自我社会价值的重要途径，是实现自我价值和社会价值的和谐统一。

目前，劳动仍然是人们谋生的主要手段，是人们为换取与自己劳动相当的报酬，获得满足个人需要及家庭需要的生活用品，改善生活条件的重要途径。但劳动中也存在诚实劳动和非诚实劳动的差别。以诚实劳动为企业和为人民服务，是每个员工必须遵守的职业道德，诚实劳动具体表现为：

第一，出工应出力。用人单位要求所有从事职业活动的员工，不仅要按时出勤，而且要主动做好分内的工作，要求在其位谋其职，尽职尽责；反之，出工不出力，消极、懒惰、推诿等，是非诚实劳动的表现，是一种投机取巧的态度和行为，这是用人单位反对的，应该在工作中避免、克服。

第二，不缺斤短两。提到"缺斤短两"，人们还只会想到小商贩在叫卖蔬菜瓜果时在秤杆上耍的伎俩。但现在其他领域也出现了这样的现象，或是产品的虚假宣传，或是服务的不周全都包含"缺斤短两"的意思。比如在家电领域，消费者投诉的液晶彩电尺寸缩水、冰箱容积缩水、洗衣机容量缩水，服务时间缩短、服务质量下降等均属于"缺斤短两"的现象。因此，生产者在生产中要严把生产关，足斤、足额、足量、足时地为消费者提供服务，而不是以虚假欺骗来获利。

第三，不以次充好。所谓"以次充好"是指生产者、销售者以低档次、低等级的产品冒充高档次、高等级的产品，用废旧产品冒充完好产品进行商业欺骗的行为。这些行为，严重地损害了广大消费者的合法权益，危害性极大。因为任何一种产品都直接或间接地关系到人们的生命和财产安全，生产者只有生产货真价实的产品，才能真正保证消费者的合法利益。为此，法律明确规定，生产者不得以假充真、以次充好，而要以优质产品和优质服务满足顾客的需求。

2. 关心企业发展

个体与企业是部分与整体的关系，部分功能和价值的实现离不开整体的存在和发展。作为企业的员工，每一个人都是企业不可缺少的一分子。加入一个企业就要与企业同呼吸共命运，以集体主义为行动的根本原则，时刻以企业的发展为自己的行为准则。关心企业应该从三个方面入手：

第一，努力工作。企业的兴衰与每个员工的利益休戚相关，每位员工都要把个人前途与企业前途、国家利益紧紧联系在一起，真诚地热爱企业，认清自己的职责所在，树立为企业发展奋斗拼搏的信念。同时，员工以强烈的责任感和集体荣誉感做好自己分内的工作是热爱企业的具体表现。每一个岗位只有分工的不同，没有等级贵贱之分，每一个岗位、每项工作都是企业大厦的一砖一瓦，关系到企业的发展。因此，作为企业的员工，不论其职位高低、年龄大小、都应该发挥自己的主观能动性，积极主动地做好每一项具体工作，保质保量完成任务。

第二，献计献策。为企业献计献策能够增强员工的主人翁意识并调动员工工作的积极性、主动性。每个成功的企业背后都有一批脚踏实地的员工在做好自己的本职工作之外，还积极、主动地帮助企业解决发展中出现的问题，为企业的发展献计献策，将自己的发展与企业的命运联系在一起。实践证明，只有心系企业发展的员工才能真正为企业的发展注入不竭的动力。

3. 遵守合同和契约

近几年来，我国劳动用工制度日益走向契约化，要求从业人员在职业活动中履行契约、依法办事。是否履行契约、依法办事是从业人员是否忠诚所属企业的一个重要表现。

第一，树立维权意识。劳动合同和契约是从业者切身利益的保障，遵守合同和契约可以维护从业人员的合法权益。在当前用工制度及监督机制尚不十分健全的情况下，一些不法商家和企业往往钻法律的空子，损害从业人员的利益；从业人员应该增强契约意识和法律观念，自觉遵守合同和契约，用合同和契约保护自己的合法权益不受侵犯。用合约保护自己的合法权益不受侵害，是从业人员的基本权利。由于合约是由劳资双方共同签订的，在履行合约时必须维护双方的共同利益。劳动用工制度契约化，使劳资双方都享受一定的权利，同时都要承担相应的义务。履行和遵守合同是对企业和员工双方长远利益的保护。

第二，自觉遵守合同和契约。劳动合同和契约是保护从业人员和企业共同利益的有效途径。每一个忠诚所属企业的员工，都应该自觉从企业利益和个人利益相统一的高度，维护劳动合同和契约的权威性。如果从业人员都不遵守劳动合同和契约，企业就会陷入无休止的劳动用工纠纷之中而无心进行生产，从业人员的利益也必然受到损害，个人的追求和价值也就无法实现。但遵守劳动合同和契约的一个重要前提是劳动合同和契约必须是合法和有效的。这就是说劳动合同的签订，契约的确立必须是建立在双方平等自愿的基础上，不能有欺骗和强迫行为，签订合同和契约的双方必须诚实守信；必须遵守相关法律条文和劳动法规，不得违背法律。

二、维护企业信誉

前美国联邦储备委员会主席格林斯潘曾经说过："如果一家公司的附加价值源于无形资产，那么它天生就很脆弱，因为信誉和声望会在一夜之间消失殆尽……"一个企业，要赢得好的声望和信誉，可能需要几代人的时间，而要毁掉它，也许几分钟就能做到了。既然企业信誉与企业的生存发展是息息相关的，既然企业信誉有着致命的脆弱性，那么，维护企业信誉就是每一名企业员工义不容辞的责任和义务。从身居高位的领导，到普通员工，都应该像爱护自己的名誉一样爱护企业信誉。维护企业信誉需要做到以下三点：

1. 尊重职业、尊重单位

尊重职业和尊重单位是自尊的表现。职业本身只有分工的不同，而没有高低贵贱之分，不同的只是人们对于工作的态度。一个人对工作的态度决定了他是否能做好这份工作。而一个人的工作态度，又是他本人的性情、才能以及道德品质在职业中的体现。如果一个人选择了一份工作却又轻视这份工作，其实是对自己的不尊重，他享受不到工作的乐趣，更多的是乏味、烦闷与自我折磨。一个总是抱怨单位不好、职业地位低下的人，不会因为他的抱怨而身价倍增，只能说明他的无知、浅薄与无奈。

2. 树立产品质量意识

产品质量是企业的生命。任何一个企业员工，要想在企业立足，获得满足生存所需的物质资料和发展所需的社会条件，都必须使自己成为一个符合企业发展所需的人，帮助企业生产合格优质的产品。要做到这一点，首先要了解生产产品所要达到的质量和规格要求。生产产品时，按照质量标准和规格要求去生产，这是树立质量意识的前提条件。其次要遵守生产操作规程。由于生产操作规程是根据本单位的实际制定的，针对性较强，对生产产品有特殊规范性，所以，员工应该严格按照生产操作规程去操作，从而使产品质量得到保证。最后要精益求精，严把质量关。企业不仅要生产出合格的产品以适应市场的要求，而且还要生产出优质的产品从而在市场中具有强大的竞争力。这就要求员工在生产过程中严把产品质量关，生产出更多、更好的优质产品。

3. 树立正确的服务意识

提供优质的产品并不能保证企业在激烈的竞争中取胜，还必须结合令顾客满意的服务才能真正打动消费者，让他们自愿成为企业的忠实顾客。要做到这一点，首先要端正服务态度。良好的服务态度是树立服务意识的关键。其次要提供优质的配套服务。美国各地电视媒体在播放肯德基的电视广告时，说道："柯勒烈（肯德基的创办人）给我们吃什么我们就吃什么。"这充分体现了美国人对肯德基的信任和喜爱，肯德基赢得人心的办法就是在为人们提供优质食品的同时也提供了配套的人性化服务。肯德基善于将文化与商业相结合，餐厅里有小孩的乐园，有专门为小孩服务的接待员；有浪漫的氛围，青年人也为之吸引；有别具一格的地板、餐桌，明亮的落地窗，悦耳动听的流行音乐；还有从来不见污迹的卫生间，这些都让人觉得在肯德基用餐是一种精神享受，是一种时尚，也是一种品位的象征。再次要正确对待顾客的投诉。一方面，顾客的投诉反映了工作中存在的问题，需要企业和员工进行积极的改进；另一方面，顾客的投诉是企业发展的商机，它是顾客需求最直接的一种表达方式。因此，顾客的投诉对企业和从业者个体来说都是一种机会，既是发现问题并解决问题的机会，也是成长、进步和完善自我的机会。

三、保守企业秘密

有人曾经说过：20 世纪的企业家所犯的最致命错误是腐败，而 21 世纪的企业家所犯的最致命错误是泄密。在越来越激烈的市场竞争中，生产经营方面的商业秘密对任何一个企业都十分重要，商业秘密已经成为企业的生命线，并作为知识产权的一部分普遍受到法律的保护。员工如果思想松懈，有意或无意地造成泄密，轻者将会影响企业的正常工作；重者则会给企业造成不可挽回的影响，危害企业整体的利益。因此，企业中的每一个人都有义务和责任保守企业秘密。

1. 增强保密意识

当前，不少从业人员保密意识相对淡薄，甚至当自己泄密并触犯法律，对组织已经造成损失时还浑然不觉。为此，增强保密意识是践行保密要求的前提。

第一，需要了解保密对企业发展的重要性。《中华人民共和国反不正当竞争法》第十条规定：“本条所称的秘密，是指不为公众所知悉，能为权利人带来经济利益、具有实用性并经权利人采取保密措施的技术信息和经营信息。”商业秘密包括产品、配方、工艺程序、机器设备的改进、研究开发的有关文件、公司内部文件、客户情报等。商业秘密是知识产权的重要组成部分，也是企业重要的无形资产。商业秘密的重要性在于其自身蕴涵的经济价值和竞争价值。在世界五百强企业中，有些企业的商业秘密的价值甚至占企业总资产的30％。商业秘密已经成为企业形成和保持竞争优势的重要手段。对于任何一名从业人员来说，增强保密意识既是法律要求，也是职业道德要求。

第二，认识泄密对自己的危害。在越来越多的生产过程中，领导层对某项专门技术的掌握逐渐减少，更多的由专门的技术人员掌握技术秘密。从业人员在实施计划中，应该以企业发展为重，自觉保守企业秘密，应该认识到企业利益与个人利益息息相关，只有保住企业的优势，才能保住企业的效益，最终才能保住自己的饭碗，保护商业秘密应该变成职工的自觉行为，一旦违背了保密要求，轻者要受到道德和舆论的谴责以及职业纪律的处罚，重者要受到法律的制裁。

2. 信守保密承诺

在激烈的市场竞争中，一些不法商贩和企业为了在竞争中取胜，总是想办法刺探竞争对手的商业信息，有时甚至不惜巨资收买商业信息，对此，从业人员应该提高警惕，信守保密承诺。

第一，要避免与朋友闲谈中无意泄密。工作以外的谈话要尽可能少地涉及企业事务，以免被商业间谍获取；另外要避免与亲友谈起与商业秘密相关的事情。

第二，避免因工作疏忽泄密。为了竞争，为了击败对手，许多企业常常采用不正当手段雇人窃取其他公司的秘密，因此企业要注意保密，以免因工作失误造成泄密。

3. 遵守保密原则

商业秘密只有靠其拥有者自身采取严格的保密措施，才能享有独占权。企业一般都会根据自身情况制定“保密”条例，要求员工遵守。尽管保守企业秘密是员工对企业的责任和义务，但当保守企业秘密与国家和社会公共利益发生矛盾冲突时，应该以集体主义为基本原则来处理，以全局和整体利益为重，维护国家和社会的利益。

本章小结

本章主要阐释社会主义职业道德的基本规范之一——诚实守信，主要内容包括以下几部分：

1. 诚实守信是职业道德规范的基本要求之一，既是一种道德规范，也是人们行为的准则，有着自己深刻的内涵和要求。诚实守信包含着真实、信用、真诚和信任的内涵。

2. 诚实守信具有四个方面的基本特征：言行一致、知行统一；自律与他律的不可或缺性；质量与信誉的内在一致性；利他与利己的互利双赢性。

3. 诚实守信对个人的作用：诚实守信有利于促进个人身心健康；诚实守信是我们生存和创业的根基；诚实守信是衡量个人道德修养的重要标准。诚实守信对于企业的作用主要表现为：诚实守信是企业自身生存和发展的内在要求；诚实守信是企业的无形资产。

4. 诚实守信的基本要求主要包括：忠诚所属企业，维护企业信誉，保守企业秘密。

思考题

案例一

晏殊的诚实与仕途发达

北宋时期著名的文学家和政治家晏殊，14 岁被地方官作为“神童”推荐给朝廷。他本来可以不参加科举考试便能得到官职，但他没有这样做，而是毅然参加了考试。事情十分凑巧，那次的考试题目是他曾经做过的，得到过好几位名师的指点。这样，他不费力气就从千余名考生中脱颖而出，并得到了皇帝的赞赏。但晏殊并没有因此洋洋自得，相反他在接受皇帝的复试时，把情况如实地告诉了皇帝，并要求另出题目，当堂考他。皇帝与大臣们商议后出了一道难度更大的题目，让晏殊当堂作文。结果，他的文章又得到了皇帝的夸奖。晏殊当官后，每日办完公事，总是回到家里闭门读书。后来皇帝了解到这个情况，十分高兴，就点名让他做了太子手下的官员。当晏殊去向皇帝谢恩时，皇帝称赞他能够闭门苦读。晏殊却说："我不是不想去宴饮游乐，只是因为家贫无钱，才不去参加。我有愧于皇上的夸奖。"皇帝称赞他既有真才实学，又质朴诚实，是个难得的人才，过了几年便把他提拔上来，让他当了宰相。晏殊为人诚实，表里如一，不弄虚作假的品德，使得他在仕途上不断得到发展。

资料来源：陈瑛主编：《职业道德——国家职业资格培训教程》，129页，北京，中央广播电视大学出版社，2007。

根据案例，说明诚信对从业人员谋职和就职的作用。

案例二

美国世界通信公司财务失信欺诈案

2002年6月23日，美国惊爆"假账第一大案"，排在美国电报电话公司之后的全球第二大电信巨头世界通信公司承认，从2001年1月到2002年3月底，将38亿美元的经营支出列在资本支出账户上，从而将公司巨额亏损一跃转为盈利15亿美元，也就是说，世界通信公司虚报盈利38亿美元。世界通信公司造假信息公布后，其股东狂抛世界通信公司股票，股价大跳水，一路跌至1美元以下。次日上午，纳斯达克证券市场宣布世界通信公司股票暂时停牌交易。世界通信公司曾经是华尔街的宠儿，鼎盛时期年收入超过350亿美元，股票价格高出64美元，公司市值曾达到1 800亿美元。与世界通信公司1年多便虚报盈利38亿美元相比，安然公司4年虚报近6亿美元盈利只能说是个"小错误"。因而，世界通信公司财务失信欺诈案成为美国乃至世界历史上最严重的财务欺诈案，对全世界资金、股票市场产生巨大冲击，其恶劣影响大大超过"9·11事件"和"安然事件"。

世界通信公司财务失信欺诈案成为继"安然事件"之后再次打

击投资者对美国股市信心的重磅炸弹。安然公司做假账出笼后，美国一些大公司违规行径纷纷暴露在阳光下。会计业有安达信、普华永道等世界会计行业的领头雁，金融行业有美林证券、波士顿银行等世界级的投资巨头，高科技行业有朗讯公司、Network 公司、施乐公司等。作为世界金融市场的榜样，最具有创新力的美国企业却不停地欺骗投资者，使投资者的信心屡屡受挫。

资料来源：马玉超：《美国世界通信公司财务失信欺诈案》，载《经济管理》，2002（19）。

案例三

“掉渣烧饼”神话的破灭

从 2005 年 10 月份开始，一种从湖北引进的“掉渣烧饼”在杭城烧起了一把火。这种两元钱一个的“中国比萨饼”以它浓重的孜然香勾起了众多消费者的食欲，买饼要排队，一天能卖 3 000 个，俨然一个“烧饼神话”。

随后短短几个月间，各种打着“土家饼”“掉渣香”等招牌的烧饼店在街头巷尾遍地开花。除了几大派的加盟店之外，在杭州的大街小巷，打着各色牌子卖烧饼的店更是不计其数。杭州耶稣堂弄的一家服装店连招牌都没拆下，就挂上“掉渣儿烧饼”的字样，店里的营业员直接转行，卖起了烧饼。同样，在建国北路，一家小店用“掉渣烧饼”遮住还没摘下的“板栗”招牌，也招揽到不少顾客。

跟风者中不乏只做一票买卖的散兵游勇。有湖北人见烧饼卖得火，关掉了当地的小杂货店，来杭州做起了烧饼；有外来务工学徒在三四天学习后自立门户的；有找几个学徒用面包房的烘烤手法或是借鉴“三鲜饼”做法自己“摸索”的……一位来自湖北武汉的业内人士说，其中80%以上的人都没有去过湖北，没有吃过正宗的“掉渣烧饼”。

一些人还在网上倒卖“掉渣烧饼”的配方。一开始“掉渣烧饼”的配方能卖 4 000 元钱，但买了配方的人又以 2 000 元的价格把配方再次倒卖。几次转手后，配方最便宜的只卖200元了。

“现在做土家饼的，绝少有真正的土家人”，一些店主说。

然而，由于大批小饼店的盲目跟风和消费者从众心理的减退，狗年到来之后，杭州“掉渣烧饼”却没有了往日的风光。由热到冷，“掉渣烧饼”的好日子仅维持了短短几个月。许多大大小小的掉渣饼商铺，基本上都在面对降价、转让甚至关张的命运。包括店主在内，几乎没有人会预料到，曾经火爆一时的“掉渣烧饼”生意，会在短时间内急转直下。

资料来源：新华网，2006-02-15。

案例四

诚实守信与市场

诚实守信是市场正常运行的需求，一个健康的市场是拒绝一切不诚实守信的行为和主体的，同时诚实守信也是企业进入市场的通行证。

1. 根据案例三和案例四，分析诚实守信对于一个企业发展的作用。

2. 根据以上所有案例，结合自己的工作实践，分析说明应该怎样践行诚实守信的要求。

第五章

办事公道

本章引言

办事公道，就是要求从业人员在职业活动中秉持公平、公正的立场，做到不偏不倚，不徇私情，实事求是地解决问题。办事公道是社会主义职业特征的体现，是在爱岗敬业、诚实守信的基础上提出的更高一个层次的职业道德基本要求。办事公道既是个人加强自身道德品质修养的基本内容，也是社会主义市场经济条件下职业活动的根本要求和职业道德的基本规范之一。

本章学习目标

- 了解办事公道的基本含义
- 认识办事公道的特征
- 理解办事公道对于个人和企业的作用
- 掌握办事公道的基本要求，提高公道办事的觉悟

第一节　办事公道的含义及特征

引入案例

联想纪律与柳传志“罚站”

柳传志，联想控股集团董事局主席，世界 PC 领域的风云人物。在联想的创业征程中，有着“军人”背景的柳传志，把纪律看作企业的生命。因为，柳传志深深懂得，一支没有纪律的队伍，甚至打不赢一场小小的战斗。

柳传志重视纪律，带领联想人制定了难以胜数的纪律和规定。例如，联想用人规定：为防止裙带关系和山头主义作风，联想职工的子女一律不准进入联想工作；为创造平等、和谐的人际关系，从总裁到部门经理，再到普通员工，见面时一律直呼其名，不称呼职务；联想乘车规定：坐地铁——3 港元以上不能坐，乘汽车——1 港元以上不能坐，乘电车——0.6 港元以上不能坐，乘出租车——别人请，可以坐；联想廉洁规定：不是自己的钱，一分钱也不要往自己的腰包里装，触犯财务和金融纪律，移交司法机关处理。联想的这些规定，造就了联想文化，造就了联想事业，打造出一支锐利的“斯巴达克方阵”。

在联想诸多有关“铁”的纪律的故事中，有一件小事令人难以忘怀。1986 年，针对一些人缺乏时间观念，开会总迟到的问题，联想制定了“迟到一次，罚站一分钟”的纪律。纪律刚发布不久，一次开会，柳传志原来的一个老上级迟到了。这位老同志资格老，又是联想的创业元老，平时很受大家尊重。顿时，会场上鸦雀无声，大家都屏住呼吸，把目光投向柳传志。柳传志感到巨大压力。柳传志心想：“如果制定了纪律而不去执行，那么，谁还会把纪律当回事儿?”想到这，柳传志站起来说：“现在你在这站一分钟，晚上我到你家给你站一分钟。”迟到罚站的规定坚持下来了。

柳传志也有自己被罚站的时候。有一次，他被卡在电梯里，开会迟到了。按照纪律要求，他自觉接受了罚站。类似的事情，在柳传志的经历中，一共发生了三次，三次开会迟到，他都按照纪律要求接受罚站。柳传志是遵守职业纪律的模范。像柳传志这样，领导带头按照纪律和规定办事，不仅体现了纪律面前人人平等的精神，维护了纪律的尊严和权威，而且也带动了整个组织遵守纪律风气的形成。

资料来源：陈瑛主编：《职业道德——国家职业资格培训教程》，181页。

一、办事公道的含义

办事公道是指从业者在办事情、处理问题时，站在公正的立场上，对当事双方公平合理、不偏不倚，不论对谁都按照一个标准办事。办事公道这一职业道德规范要求各行各业的劳动者在本职工作中，遵守工作中的行为准则，做到公平、公开、公正，不以私害公，不出卖原则，它是对一切从业者的职业行为的普遍性道德要求。

公道，与公正、公平、正义等词含义相似，这些词虽然不同，但所表达的意思基本上是相同的，都是人类追求的一种理想状态。公道，西方人早期亦称公正、正义。柏拉图在《理想国》中，曾把“正义”列为四大美德之一，即“勇敢、智慧、正义、节制”。关于“公道”思想，从我国春秋战国时期竞相争鸣的诸子百家，到明清时期力主改革的仁人志士，从历代当权的封建政治家，到各朝在野的进步思想家，都作过表述和阐释。其中，中国先秦时期的法家对公道的论述最为透彻。法家的主要代表人物商鞅提出了实行“壹刑”的主张，并解释说：“所谓壹刑者，刑无等级，自卿、相、将军，以至大夫、庶人，有不从王令、犯国禁、乱上制者，罪死不赦。”（《商君书·赏刑》）法家思想的集大成者韩非对“公道”思想也作过阐述，并提出了“法不阿贵”的重要原则。他主张：“法不阿贵，绳不挠曲，法之所加，智者弗能辞，勇者弗敢争。刑过不避大臣，赏善不遗匹夫。”（《韩非子·有度》）他又说：“诚有功，则虽疏贱必赏；诚有过，则虽近爱必诛。”（《韩非子·主道》）韩非的“法不阿贵”与商鞅的“刑无等级”都是对等级特权和人情特权的否定，主张公道、公平与公正，主张不论是统治阶级内部的贵族权臣，还是被统治阶级的平民庶人，不论是至亲至爱，还是仇嫌远疏，对谁都应一律平等，不论是谁触犯了法律，都同样要受到法律的制裁。这些“公道”的思想对当时的社会稳定有着重要的作用，是我国社会主义职业道德建设的重要思想资源。

办事公道是社会主义职业道德的一个重要方面，是职业活动中的一种高尚道德情操，也是千百年来为人所称道的职业品质。自古至今，许多办事公道、大公无私的人物在人们心中留下了深刻的印象并受到人们的尊敬，如西晋的刘颂、宋朝的包拯、明朝的海瑞、清朝的于成龙等，他们都以公道办事、秉公执法、公平公正而受到人们的尊敬和爱戴。办事公道要有平静如水、正直如绳的公心，始终坚持公开的原则，做到能用同一把尺子量人处事；办事公道就要恪守一定的职业道德，时刻提高警惕，防微杜渐，拒腐防变，堂堂正正做人，清清白白做事，在任何情况下都能抵得住诱惑，耐得住清贫，守得住寂寞；办事公道就是要坚持按章办事，用制度规范约束自身行为，做到坚持原则不动摇、执行标准不走样、履行程序不变通、遵守纪律不放松。办事公道是职业道德的基本规范和基本内容，只有出于公心、本着公道、坚持公平公正、做到光明磊落，才能恪尽职守，把工作做好。

在现实社会生活中，办事公道的职业道德规范要求每个从业人员在职业活动中都要公平合理地处理一切事物。无论是掌握着一定权力的政府工作人员，还是普通的从业人员，都要坚持办事公道的职业道德规范。作为政府公务人员，坚持办事公道，就是要坚持原则、实事求是，以国家和人民的利益为重，公平、公开、公正和合理地为人民办好事、办实事；作为一名普通的工作人员，做到办事公道，就是要站在公正的立场上，对任何事情和任何人，都采用一个标准办事，坚持公平合理、不偏不倚。

二、办事公道的特征

办事公道作为职业道德的主要规范之一，和其他职业道德规范一起共同规范着各行各业从业人员的具体职业行为，是对一切从业者的职业活动的普遍要求。办事公道作为一种职业道德规范和道德品质要求，具有自身鲜明的特征。

1. 原则性

办事公道的“公”首先有公开、公正和公众等意思，与“隐”相对，是从业人员在职业场所和职业活动中必须恪守的行为规范。所以，办事公道的“公”首先要求有一系列的原则作为标准，用以评判职业工作中的是非、正误、公正与偏私。原则是维持职业工作正常进行的规定，它是最基本的职业行为规范，关系着某一职业工作的性质和社会职能的发挥，因此，它代表着职业工作的整体利益，它对职业场所内的所有从业者都具有同等的约束力，原则面前没有例外。工作原则是职业行为善恶的评价尺度，工作原则明确地告诉人们什么是应当做的，什么是不应当做的；什么是必须要做的，什么是禁止去做的。而且，从业人员是否做到了办事公道，又必须以这些工作原则为最直接和最有效的评判标准。所以，办事公道就必须制定原则、认清原则和坚持原则，依原则而行。只有能够自觉坚持原则的人，才是一个有着明确善恶观念和是非观念的人。只有对真善美与假恶丑分辨得十分清楚的人，才能够做到从善如流、疾恶如仇，才能坚持公道办事。

2. 灵活性

原则性和灵活性一向是相伴而生的，坚持原则的同时，要不失灵活性；灵活应变的时候，又不能忘记根本的原则。能不能真正做到办事公道，除了有明确的原则观念并坚持原则外，还必须具备灵活处理事情的变通技巧。因为原则往往是针对最一般的情况而制定的，并且大多是经验的总结，它不可能顾及职业行为中纷繁复杂的各种个案以及许多新情况和新问题，这就需要灵活应变、权变处理。将原则性与灵活性统一起来的思想在我国古代就有思想家论述过。《孟子·离娄上》中讲道："淳于髡曰：'男女授受不亲，礼与？'孟子曰：'礼也。'曰：'嫂溺则援之以手乎？'曰：'嫂溺不援，是豺狼也。男女授受不亲，礼也；嫂溺援之以手者，权也。'"可见，公道与否有时候是很难量化把握的，这就需要有灵活应变的智慧和技巧。如果只拘泥于形式和文字上的规则章程，不能领会原则中包含的基本精神，不能因时因地，审时度势，就会显得迂腐和顽固，反而会导致结果的不公道。此外，工作原则有很多，有些原则是基本的，有些是非基本的。在具体的职业活动中，办事公道的职业道德要求人们根据轻重缓急，依照原则的优先顺序，奉守最基本的原则，必要的时候还需要放弃小的原则以保全大的原则，这也是办事公道的灵活性体现。

3. 公益性

办事公道的"公"还有一层重要的含义，即"整体、集体和社会"、"公益"等。与"私"相对，在职业场所和职业活动中，必须要体现"公"的利益和需要，将"公"置于突出的位置，所以，公益性是办事公道的另一重要特征。办事公道的一个重要要求就是要明确公私关系。"公"指的是国家、集体及其利益；"私"指的是个人及其利益。在社会主义市场经济条件下，以集体主义为价值取向，尊重和维护个人利益的同时，必须以集体和国家的利益为重，自觉地维护公益。只有明确公私界限，在职业行为中严格遵章办事，自觉主动谋取公共利益，才能使职业行为符合职业规范的要求，也符合职业道德所推荐的价值追求目标，并在实践中形成良好的职业行为和职业品质，以保证职业活动的顺利开展。理解公私关系，才能保障职业交往行为顺利进行，否则，公私不分，将会导致职业行为的混乱和无序。比如，只有大家都遵守了交通规则，视交通为公共利益并自觉维护，才能保障每个人都能安全、快速地到达目的地。办事公道的职业道德还要求职业劳动者树立“奉公为德”的意识，随时随地想到国家利益和社会利益，对国家和社会尽义务、尽责任，尤其是共产党员和领导干部要做到“大公无私”、“无私奉献”，摈弃利己主义和个人主义的思想。在社会主义条件下，公与私在本质上是一致的、协调的，但是，在当前条件下，为了个人正当利益的实现，“公”还是要常常优先于“私”。所以，严明公私之别，凡事以公为重，自觉维护公益，是社会主义劳动者所必须具备的职业道德意识和行为规范。

第二节　办事公道的作用

引入案例

公平正义的守护神——人民信任的好法官宋鱼水

农民出身的宋鱼水当了法官后，一直关注着弱势群体，她深知社会底层的老百姓不容易，格外渴望社会公道、政府公平和司法公正。有一个案子，让宋鱼水最难以忘记：原告是个民工，临近年关不仅拿不到钱，反被老板赶了出去，宋鱼水很同情这名民工，但同情不能代替法律。宋鱼水告诫自己不能掺入任何个人情绪。经过调查，原来这家饭馆因为经营不善，已倒手多次，原来的经营者早就没了踪影。缜密细致的调查和公正的判决使案件顺利解决，那名民工终于拿到了属于他的不多但至关重要的一笔钱。

一年冬天，山东老家突然来人。乡里企业委托海淀一家广告公司播广告，不仅没有按约定时间播放，连次数也打了折扣。老家人说话直率，“妹妹，你不能不帮这个忙！”这可让身为海淀法院经济庭副庭长的宋鱼水犯难了，老乡情面难却，可自己是位法官，不能被亲情所左右。看到她的沉默，亲戚委屈地走了。后来，家乡的企业输了官司，因为许多口头约定并没有落实在纸上。面对如此托人情、找关系的事情，宋鱼水总是轻轻的一句话，“相信法院，相信法官。”办案10余年，宋鱼水没有收过当事人一件礼品，更没有办过一件人情案。

资料来源：张炳升：《公平正义的守护神——人民信任的好法官宋鱼水》，载《光明日报》，2005-01-13。

办事公道作为我国职业道德的基本规范之一，在规范个人职业行为和企业经营活动的同时，对个人的职业发展和企业的健康运行也起着重要的作用。

一、办事公道对从业人员的作用

办事公道作为社会主义职业道德的一项基本规范，只能通过工作人员在实际工作岗位上的表现来体现，因此，它是从业人员在日常行为中必须遵守的道德准则，它有利于人们正确处理个人、集体和国家的关系，为个人发展创造一种公平的竞争环境。具体来说，办事公道的作用主要体现在以下几方面：

1. 办事公道是从业人员必须具备的职业素质

法国思想家罗曼·罗兰曾说过：“公道与良善是不可分离的。”东汉末期的著名思想家徐干指出：“圣人不敢以亲戚之恩而废刑罚，不敢以怨仇之忿而废庆赏。”（《中论·赏罚》）可见，公道源于高尚的思想道德修养，也是一个高尚之人道德品质的基本内容。能不能公道地处理一切事情，是一个人道德水平高低的体现，也是职业素养高低的反映。在社会主义市场经济条件下，无论是企业的正常运行，还是社会的稳步发展，不仅需要所有从业者都具有一定的技术和能力，而且需要从业者具有一种办事公道的职业道德。法国著名思想家沃夫纳格认为：仁慈者方能主持公道。办事公道是一种高尚的人格修养，是人的一种优良道德品质，是高尚的人在处理问题时一贯的、稳定的特征，是每一个从业者应该具有的职业道德的主要方面。我们每个人都不是生活在孤岛上和真空里，任何人从事任何行业都要与人交往，和社会打交道，而公道正派是维系人们正常社会交往和社会稳定的一项最基本品质和行为准则。“惟公则生明，惟廉则生威。”（《传家宝·绅瑜》）只要自觉做到不偏不私，公平合理，坚持原则，自然就能获得人们的尊敬，得到人们的拥护，诚如《清碑·官箴》中所说：“吏不畏吾严而畏吾廉，民不服吾能而服吾公，公则民不敢慢，廉则吏不敢欺。公生明，廉生威。”在中国的共产党员队伍中，坚持公道、奉公为德的领导干部更是灿若星河，如焦裕禄、孔繁森、郑培民等，他们以公道正派的作风、全心全意为人民服务的态度和公而忘私的精神在人民群众的心中树立了一座座永远不倒的丰碑。可见，办事公道的道德品质对于我们的日常生活和职业发展都具有重要的作用，是所有从业者必须具备的职业道德。

2. 办事公道是帮助从业人员正确处理个人、集体和国家三者关系的关键

办事公道不仅是一种道德品质，还是从业人员正确处理个人、集体和国家三者关系的关键。处理人际关系，需要公道原则；处理个人与集体、个人与社会、个人与国家的关系，同样需要公道原则。苏联哲学家图加林诺夫认为：公正可以称为最低限度的善。所以，凡涉及两人以上利害关系的行为，判断其是否合乎道德，是不是“善”行，首先要看它是否符合“公正”或“公道”的要求。只有公道地办事，才能称得上是道德上的善行，才算是正确处理了个人、集体和国家三者之间的利益关系。每个从业人员只有以办事公

道的原则要求自己，才能在做好本职工作的同时，自觉地把国家和企业利益放在第一位，不会为了个人私利而损害国家和企业的利益，丧失原则、徇私情、谋私利、坑害国家、坑害集体。追溯我国历史发展的长河，公道地处理国家利益与个人利益的精神和事迹无处不在。林则徐说："苟利国家生死以，岂因祸福避趋之"，这种以国家为重的精神和态度溢于字里行间，他一生的言行和政绩，也为此作了很好的注释。坚持办事公道有利于各行业的从业人员在职业工作中互相合作，兼顾国家、集体、个人三者的利益，自觉追求社会的公正，维护公共利益。在新时期，各行各业的劳动者都要坚持办事公道，在追求个人正当利益的同时，兼顾他人利益并以国家和集体利益为重，"国尔忘家，公尔忘私，利不苟就，害不苟去，惟义所在。"（《新书·阶级》）当个人利益与集体或国家利益产生矛盾的时候，办事公道的职业道德要求人们自觉地以国家和集体利益为重，尤其是受到党和人民信任并担任重要职务或掌管经济命脉与国有资产的要害部门的工作人员，在复杂的形式下，要保持清醒的头脑，抵御各种诱惑，以国家和人民利益为重，增强原则性，自觉做到办事公正和公道。

3. 办事公道可以为从业人员个人的发展创造一种公平公正的竞争环境

在社会主义市场经济条件下，竞争是常见的，也是必要的，但是，公平公正的竞争环境对于每一个从业人员的进步和发展都是至关重要的。个人的发展离不开一个公平公正的环境，只有在一个公平公正的环境里，人们才能充分发挥自己的才能，展现自己的智慧，发掘自己的潜力，最终在竞争中得到进步和发展。办事公道是营造这种公平公正环境的重要措施，"人人好公，则天下太平；人人营私，则天下大乱"（《老残游记》）。市场经济是一种讲求平等的经济。市场经济对资源的最优配置是通过公平竞争来实现的，它要求相互竞争的企业和个人要遵守公平的准则，通过正当的手段参与竞争。坚持办事公道，就要遵守一定的工作原则，任何人在工作原则面前都应该平等，而工作原则又是公开、透明、明白无误的，这样，社会公众还可以根据工作原则对所有从业者进行监督、批评，形成一种良性的公平竞争环境。只有每一位从业者都自觉做到办事公道，不徇私舞弊，自觉遵守各种原则，不投机取巧，光明磊落地做好自己的本职工作，而不以私害公，公平公正的环境才能自然而然地形成，才能真正体现“有公心必有公道，有公道必有公制”（《傅子·通志》）。

二、办事公道对企业的作用

社会主义市场经济是开放型经济，崇尚机会面前人人平等，崇尚公开、公平和公正的竞争，所以企业需要确立一种公开操作、公正处事、公道办事的观念。对于企业个体而言，办事公道可以帮助企业赢得市场，使企业获得长远的生存和发展。对于企业内部来说，办事公道有利于企业内部各项工作的正常运转。从整个行业的角度来看，办事公道有利于抵制行业的不正之风，净化企业的运行环境。具体而言，办事公道对企业的作用主要体现在以下几方面：

1. 办事公道有助于企业赢得市场，是企业生存和发展的重要条件

在市场经济条件下，坚持办事公道的职业道德要求，有助于企业赢得较好的信誉，不断提高市场占有率，增强竞争力，使企业在竞争中发展壮大。随着市场经济条件下竞争的日益激烈，企业的市场竞争能力对于企业的生存和发展越来越重要。企业只有不断提高自己的市场竞争能力，不断地占有和扩大市场，才能获得长远的生存和发展。在激烈的市场竞争中，企业的市场竞争能力，不仅取决于企业的产品质量，更取决于企业的“人格”力量，办事公道就是企业“人格”力量的重要表现之一，所谓“公正无私，一言而万民齐”（《淮南子·修务训》）。所以，无论是企业还是企业从业人员必

须具有办事公道的职业道德修养，使企业赢得良好的信誉，获得消费者的赞许，进而巩固和扩大企业的市场份额。在我国加入世界贸易组织以后，企业要想保持和扩大国内市场，开拓国外市场，就必须在注重提高产品质量的同时，注重提升企业的服务质量，加强企业的文化建设，坚持办事公道的职业道德规范，平等待人，讲求信誉，做到公平、公开和公正，树立企业良好而持久的“公道”形象，建立与供应商和消费者长期稳定的合作关系，这样，企业才能生存下去，获得持续发展。

2. 办事公道有助于企业各项工作的正常运行

企业的正常运转需要恰当处理好企业内部管理者之间、管理者与员工之间、员工与员工之间的关系，而办事公道是正确、恰当处理这些关系的重要准则。作为企业领导者，只有做到办事公道，才能得到所有员工的支持，才能树立自己的威信，才能巩固自己的群众基础，才能形成自己的权威性和号召力；作为一个部门，只有坚持办事公道，才能使部门内部协调运转，形成团结一致的发展合力和凝聚力，提高部门整体的工作效率，促进企业的发展；作为员工个人，只有彼此做到办事公道，才能建立人与人之间的相互理解和相互信任，加强彼此的团结合作，保证企业运行的各个环节紧密衔接。只有从企业的领导者到企业的员工都坚持做到办事公道，企业整体才能正常高效运行，企业的各项目标才能快速、协调、高效地实现。

3. 办事公道有助于形成良好的社会风气，为企业的发展创造一种公平、公开和公正的发展环境

行业风气对企业发展具有重要作用，“公生明，偏生暗”（《荀子·不苟》）。良好的企业运行环境是企业实现健康发展的重要基础，而以权谋私、贪污腐败等行业不正之风却严重阻碍企业的健康发展。江泽民同志在 1992 年党的十四大上明确强调：各行各业都要重视职业道德建设，逐步形成适合自身条件特点的职业道德规范，坚决纠正利用职权谋取私利的行业不正之风。要有效纠正和坚

决抵制各行各业的不正之风，从企业领导到一般从业人员都能够从自己做起，从本职岗位做起，自觉主动地做到廉洁奉公、办事公道，“不别亲疏，不殊贵贱，一断于法”（《史记·太史公自序》），努力按原则办事，以自己的实际行动抵制和反对行业的不正之风，使整个社会形成一种良好的社会风气。当社会形成了一种良好的道德风尚后，它又能够反过来促进行业和企业的发展。只有这样，那些以权谋私的行业不正之风才能受到坚决的抵制和有效的纠正，企业才能获得健康发展。

第三节　办事公道的基本要求

引入案例

毛泽东公私分明对亲朋

毛泽东生前处处事事以身作则，严于律己，尤其是在对待亲朋子女问题上，公私分明，不搞特殊化，为后人留下一个个传世佳话。

1950 年初，毛泽东二舅的三儿子文南松写信，请求毛泽东给胞兄文运昌介绍工作。毛泽东回信说：“运昌先生的工作，不宜由我推荐，由他自己在人民中有所表现，取得信任，便有机会参加工作。”此外，面对大舅的儿子文涧泉、堂弟毛泽清、杨开慧的哥哥杨开智等人的请求，毛泽东从来就没有利用自己的职务之便，帮他们安排工作。

长子毛岸英从苏联学习回国后，毛泽东没有安排他工作，而是让他到延安农村去经受艰苦生活的考验。毛岸英进京后，毛泽东也没有安排他担任重要职务，而是让他去工厂锻炼。毛岸英在朝鲜战场不幸以身殉国后，毛泽东并没有要求将其遗体运送回国，而是与其他志愿军烈士一样，长眠于异国朝鲜的土地上。

李讷是毛泽东最小的女儿。三年困难时期，在北大读书。由于粮食不够吃，她经常饿肚子。一次，卫士长李银桥悄悄给李讷送去一包饼干，不巧让毛泽东知道了，他严肃地对李银桥说："三令五申，为什么还搞特殊化？"李银桥小声回答说："别的家长也有给孩子送东西的。"毛泽东把桌子一拍说："我的孩子一块饼干也不许送。我和我孩子不能搞特殊，现在这种形势尤其要严格。"

资料来源：洪大西：《毛泽东公私分明对亲朋》，见四方廉政文化网 http://www.qdsf.gov.cn/n241/n609327/n609407/n609413/24869.html。

在新的历史条件下，要做到办事公道，就必须做到坚持真理、公平公正、公私分明、光明磊落。

一、坚持真理

办事公道应该是在职业实践中处理问题一贯的、稳定的要求。是从业者人格修养的体现。要做到办事公道，首先就要有意识地培养自己对于真理的热爱，对于崇高人格的追求。真理是指人们对客观事物及其规律的正确反映。坚持真理就是坚持实事求是的原则，坚持正确的是非观，在处理问题时合乎公理、合乎正义。

坚持真理，弘扬正气，表现了一种独立的人格精神。在中华传统道德中，十分强调这种独立的人格和节操。这种精神培育了中华民族的独立性格和凛然正气，成为强大的精神力量。春秋时期晋国的董狐、齐国齐太史坚持正义，冒死直书，唯义是从；东汉任延为官不阿上；东晋陶渊明不为五斗米折腰等不事权贵的事迹，都体现了他们视真理高于一切的凛然正气。

古人如此，今人亦然。坚持真理作为中华民族高尚的民族精神，发展至今，从未间断。在中国近现代史上，谭嗣同、邹容、秋瑾、喻培伦、李大钊、杨靖宇等无数英烈为我们树立了坚持真理、不怕牺牲的光辉榜样。刘少奇曾说过："理直气壮，永远不怕真理，勇敢地拥护真理，把真理告诉别人，为真理而战斗。"对于坚持真理，郭沫若也说过："我们只愿在真理的圣坛之前低头，不愿在一切物质的权威之前拜倒。"我国著名经济学家、人口学家马寅初，就是在科学研究的基础上，坚持客观真理，不畏权势、不畏舆论攻击，为中国人口事业作出了巨大贡献。

坚持真理是社会主义从业者应该具备的优秀品格。它体现着实事求是的科学态度和坚守原则的职业道德。为满足我国最广大人民的根本利益，实现国家的长治久安、和谐发展，不同职业、不同职权的从业者当时时刻刻以坚持真理、坚守原则的职业道德要求自己。

由于我国当前市场经济发展尚不完善，每个从业者面对的考验和诱惑日益增多。在诸如拜金主义、享乐主义等腐朽思潮的影响下，不同行业和岗位上的从业者，特别是那些拥有一定职权的从业者，势必会面临更多的是非、利益、得失、名位、权钱、情色的考验。在这种情况下，做到不为其所动，坚持真理，秉公办事是社会主义职业道德对每个从业者的基本要求。具体来说，要坚持真正做到：

1. 积极主动改造世界观、人生观、价值观

在实践中坚定信仰、锤炼意志，确立坚定的政治立场、高尚的人生追求和健康的生活情趣。做到不做不仁之事、不取不义之财、不染不正之风、不干不法之事。一个不追求真理、不追求正义的人，办事很难合乎公道，而追求真理、追求正义、追求正直的品格，是靠日常的行为锻炼培养出来的。因此，从业者在日常生活中，要时刻严格要求自己，不断加强自身的理论和业务学习，提高个人的道德修养，提高自己辨别是非、美丑、善恶的能力。

2. 坚持原则、照章办事

原则是职业活动中处理和解决问题的基本制度、准则。原则告

诉从业者什么是应当做的，什么是不应当做的，什么是必须做的，什么是必须禁止的。只有遵循工作原则，才能保证本职工作的顺利完成，才能保证从业者所在部门、行业整体利益、长远利益的实现。按照原则办事，就是从自身的职业特点出发，对待周围的事和人做到不偏不倚、秉公办事。在是非前面，我们要立场坚定，不因私废公、见利忘义，不能按照个人的亲疏、好恶，对不同身份、地位、职业的人采取不同的态度、标准来对待。面对政治风浪的冲击、腐朽思想文化的侵蚀、个人私利的诱惑，我们要保持头脑清醒、立场坚定、原则明确；要培养高度的敬业精神和责任感，对于错误，要敢于说“不”；决不能姑息养奸、明哲保身；要克服“好人主义”、怕得罪人的思想；决不能为一己之利，回避、掩盖矛盾；不能因为怕得罪人而对工作中违法违纪的错误行为睁一只眼闭一只眼，得过且过。为了坚持真理，从业者要敢于承认错误，敢于揭发错误，要具备大无畏的敬业精神，分析错误症结，找出纠正错误的方法。

二、公平公正

公平公正是指按照原则办事，处理事情合情合理，不徇私情，不因个人的好恶去对待事情和处理问题。

公平公正是人们在职业实践活动中应当遵守的道德要求。不同职业公平公正的具体表现是不一样的，比如：经商者在经商活动中，要童叟无欺，买卖公平，不缺斤短两，欺诈消费者；生产者要诚实守信，讲求信誉，做到货真价实；教育工作者对受教育者要一视同仁，因材施教；法律工作者要秉公办案，严格执法；党的领导干部要为民办事，不徇私情。作为职业道德的重要内容，公平公正对于从业者的一致要求体现在：要求从业者按照原则办事，不因个人的偏见、好恶、私心等，去对待事情和处理问题。只有做到了公平公正，才能协调好从业者之间、各行业各企业部门之间的利益关系，才能弘扬正气、形成团结向上的团队精神。

在社会主义市场经济条件下，做到公平公正尤为可贵。不同的从业者在各种职业活动中，在权力、金钱、人情等诸多诱惑下，能够把握住自己，就能做到公平公正。如果陷入对权力、金钱的追求和私欲中，在人情的关系网中不能自拔，办事就会失去公道。每个从业者要做到公平公正，应从以下几点严格要求自己：

1. 不失立场、不徇私情

不失立场、不徇私情就是不受私人感情、私人利益的左右，时时处处以集体利益、国家利益和民族利益为重。曾经先后担任湘潭市委副书记、书记，湘西土家族苗族自治州州委书记，湖南省人民政府副省长，湖南省委副书记，湖南省人大常委会副主任等要职的郑培民同志就是新的历史条件下坚持原则、秉公执政的光辉典范。在职期间，郑培民面对金钱、权利始终坚持原则第一。郑培民坚信确立正确的金钱观是廉洁自律的重要方面。他说："我这一生信奉八个字：情浓钱淡，永葆清白。"对于权力，他说："权力是把'双刃剑'，要警惕权力本身对掌权者的腐蚀。权力是人民给的，应该为人民办事。"对于送钱送礼，他视为"送错误"，坚决挡在门外。在官吏任免上，他始终铁面无私、从未以权谋私。在二十多年的领导工作中，郑培民始终把"做官先做人，万事民为先"作为自己的行为准则，坚持原则，秉公办事。虽然手握大权，对于自己的家人，郑培民也同样公正无私，从未利用自己的权力给妻子、儿女安排工作。

2. 不畏权势、不计得失

要办事公道，就必然会遇到各种压力与干扰，特别会碰上那些不讲原则，不奉公守法的有权有势者的干扰。我们在面临压力和干扰时可能有两种态度，一种是为了使自己免受压力，就会向有权有势者屈服；一种是大公无私，不计个人得失，不怕权势。要做到办事公道，就必须坚持大公无私，不畏权势。以真理为标准，以社会集体利益为重。西汉南洋的张释之，为官清正，执法如山，在汉文帝时官至廷尉，"释之为廷尉，天下无冤民"是百姓对他的评价。张释之在当公车令的时候，负责皇宫司马门的警卫。《宫卫令》明文规定："出入殿门、公车司马门者皆下，不如令，罚金四两。"一次，太子刘启与其弟梁王刘武同车入朝，不顾法令，驱车直入。张释之见状，追上太子和梁王，不许入朝，并以"不下公门不敬"的罪名上奏。连文帝的母亲薄太后也被惊动，弄得汉文帝免冠向太后检讨说，是他"教子无方"，才使太子、梁王犯这样的过失。薄太后派人传旨赦免太子、梁王，张释之才准许他俩入朝。不管违法的是百姓，还是当权者，张释之始终执法必严、违法必究，并没有因为担心动怒太子，丢了自己的乌纱帽，而对太子违背法令视而不见，包庇纵容。

三、公私分明

办事公道要求从业者在坚持真理、坚持原则的前提下，做到公私分明、不徇私情。在这里，公是指社会整体利益、集体利益，私是指个人利益。公私分明是指要把社会利益、集体利益与个人私利明确区别开来，不以个人私利损害集体利益。俗话说："利令智昏。"只讲私利能使人丧失原则，丧失立场。只有不谋私利，才能光明正大、廉洁无私，才能主持正义和公道。公私分明，以社会和集体利益为重，是正确处理个人与社会、集体和国家关系的基本要求。在职业实践中，公私分明对每个从业者的要求体现在：

1. 要正确认识公私关系

正确认识公私关系首先需要增强集体意识，以集体利益为重，通过诚实劳动满足个人的合理利益需要。以国家、民族为重的观念，是中华民族的传统思想。先秦儒家伦理思想家认为在道德原则和个人私利冲突时，应始终坚持道德原则，也就是所谓的"义以为上""先义后利"。他们不否认人对自身利益的需求，但这些需求当是以符合道义为前提。在社会主义市场经济条件下，个人利益与集体利益的关系是辩证统一的。集体的发展离不开个体的活动和贡献；个人利益的获得以及个体的发展，要以集体的发展为条件。集体利益是根本利益，只有注重集体利益，集体成员中的个人利益才能得到实现和保障。“覆巢之下，复有完卵乎”（《世说新语·言语》），说的就是这个道理。吴利民是杜邦公司中国区工程部的经理。某记者在采访他时发现了一件特别的事，一位公司员工拿给他当月的电话费清单，他在上面认真地勾出了自己因私打的电话，以便于公司从工资中扣除这部分用于私人的电话费。记者不解地问，公司几十万元年薪都付了，为什么还在乎这点小钱儿？对此吴先生说，这看起来是小事，其实却是企业文化的一部分。作为一个员工必须时刻要有公私意识，要有原则性，否则在工作中就有可能公私不分，为个人利益损害公司利益。那么，电话费清单中又如何分清公私电话？公司又如何监督？吴先生说，这只是个道德约束准则，每位员工都要凭良心按这个准则办事，它考验的是员工的人品。万一被人发现、检举或查出“以公谋私”，员工一是会名誉扫地，二是会立刻被炒鱿鱼。

2. 在奉献社会中创造价值

做到公私分明，要求从业者具备一定的奉献精神。在职业实践中，从业人员要能主动为他人、社会、国家着想，推己及人、与人为善、服务他人、贡献社会。雷锋生前曾说过：“人的生命是有限的，可是，为人民服务是无限的，我要把有限的生命，投入到无限的为人民服务之中去。”他是这样说的，更是这样做的。著名作家巴金谈及自己的创作事业时说：“我是春蚕，吃了桑叶就要吐丝，哪怕放在锅里煮，死了丝还不断，为了给人间添一点温暖。”关于奉献，奥斯特洛夫斯基说过：“利己的人最先灭亡。他自己活着，并且为自己而生活。如果他的这个‘我’被损坏了，那他就无法生存了。”日本著名的松下集团创始人松下幸之助的奉献观念是：“上天赋予的生命，就是要为人类的繁荣、和平和幸福而奉献。”这些名人志士，不管从事何种职业，都以无私奉献的从业精神要求自己，并立身践行。

3. 从细微处要求自己，防患于未然

任何事物的产生发展变化都有一个由小到大、由量变到质变的过程。古人云："千丈之堤，以蝼蚁之穴溃。"（《韩非子·喻老》）一条烟、一箱酒收不收？一桌席、一场舞会去不去？这看似平常而微不足道的事，却也是一种重大考验。无数事实证明：不少从业者之所以违法乱纪，都是从小错犯起，进而胆量越来越大，直至酿成大错。真正的廉洁自律，不但能够拒绝数额巨大的不义之财，对于不符合原则的"小意思"也能坚守思想阵地，"勿以恶小而为之，勿以善小而不为"（《三国志·蜀书·先主传》）。从一些典型的案例中可以看到，腐败分子一开始对数额较大的不义之财还能保持高度警惕，但遇到小恩小惠则因小而笑纳，把这些看成是生活小节。这种"宽容"带来的物质利益实际上是一种"兴奋剂"，它诱使当事者胆子越来越大，最后不能自拔。一些心术不正的人往往是以小试之，投石问路，察言观色，一旦时机成熟，便"重拳出击"，掌权者稍有不慎就会被拉下水。可见，在小问题上放纵自己，就容易导致大的错误。特别是在名利诱惑下，如不从严把关，更容易酿成大祸。每个从业者在自己的职业实践中，对消极腐朽的东西要见微知著、防微杜渐。

四、光明磊落

光明磊落是指做人做事没有私心，胸怀坦荡，行为正派，是对从业者的职业要求。光明磊落，是做人应该具有的优良品德，是中华民族最为崇尚的传统美德之一，历来为人们所称道和赞誉。民间所说的"人正不怕影斜，脚正不怕鞋歪"，就是赞扬光明磊落的。从业者要具备光明磊落的正直品德，对自己要求严格，不谋私，不贪利，不文过饰非，不隐瞒自己的观点，不偷奸耍滑；对他人不阿谀奉承，不溜须拍马，不阳奉阴违，不包庇纵容；处理事情，敢于主持公道，伸张正义，抨击邪恶，不怕打击报复……

我国人民历来崇敬那些光明磊落、公正不阿的人，屈原、司马迁、包拯、海瑞、林则徐、闻一多、李公朴……都在人们心目中留下了难忘的光辉形象，成为人们学习的榜样。无产阶级革命家陶铸经常说“心底无私天地宽”，在日常生活中，只有无私，才能心胸宽阔，襟怀坦荡，无所畏惧，清白做人。周恩来严于解剖自己、敢于自我批评在党内外是出了名的。他总是说：“我是一个有缺点，犯过错误，目前还有缺点、错误，但又在不断改正自己错误的人。”“有错误要逢人便讲，既可取得同志们的监督帮助，又可以给同志们以借鉴。”要做到光明磊落，应该做到以下几点：

1. 坚持以集体利益为主

能否把社会和集体的利益放在首位，是做到光明磊落的前提条件。无私才能无畏，为了公道，无畏于生活清贫，无畏于失去亲情，无畏于失去友情，无畏于失去生命……只有这样，才能做到光明磊落。反之，一个人考虑问题的出发点是个人，把个人利益、得失看得高于一切，那么就很难在职业实践中以国家、集体利益为重，很难考虑到自己对于国家、社会应尽的责任、义务，又何谈办事公道。

2. 实事求是，无私无畏

首先要说老实话，办老实事，做老实人。无论在任何时候，任何情况下，敢于面对现实。我们要言行一致，表里如一；坚持无私无畏，特别是要有足够的勇气和毅力去坚持真理，敢于提出和坚持正确的意见。在自己的正确意见受到排挤和压制时，能以真理为标准，直抒己见，不畏权势与压力。甚至在受到迫害时，能立场坚定，无私无畏。

3. 敢于负责，敢担风险

一个人要做到光明磊落，首先要加强社会责任感，树立正确的人生观和世界观，明确自己为什么活着，应该为社会、为国家作出怎样的贡献。只有把自己的命运与集体、国家、社会的命运紧密结合起来，才有做一个光明磊落的人的思想基础。只关心私利，不关心他人和社会或浑浑噩噩、糊里糊涂的人，不可能成为光明磊落的人。光明磊落，反映着强烈的社会责任感。明代进步组织“东林党”，有一副著名的对联：风声、雨声、读书声，声声入耳；家事、国事、天下事，事事关心。加强社会责任感同时也要求每个从业者，为了集体事业的发展，敢担风险，敢负责任。只要是益国益民的事，就要不怕挫折，勇往直前。即使在工作中出现不足和失误，也要能承担责任，勇于改过，从而在失误中总结经验教训，不断提高自己。

本章小结

本章主要阐释了社会主义职业道德基本规范之一——办事公道，主要内容包括以下几部分：

1. 办事公道是职业道德规范的重要内容，是对一切从业者在职业行为中的普遍道德要求。办事公道就是指人们在办事情、处理问题时，要站在公正的立场上，对当事双方公平合理、不偏不倚，不论对谁都按照一个标准办事。办事公道具有原则性、灵活性的特征，同时办事公道还具有鲜明的公益性特征。

2. 办事公道作为职业道德的一项基本规范，对于个人和企业都具有重要的作用。办事公道对个人的作用主要体现在：办事公道是每个从业人员应该具备的一种基本职业素质；办事公道是正确处理个人、集体和国家三者关系的关键；办事公道可以为个人发展创造一种公平公正的竞争环境。办事公道对企业的作用主要体现在：办事公道有助于企业赢得市场，是企业生存和发展的重要条件；办事公道有助于企业各项工作的正常运行；办事公道有助于形成良好的行业风气，为企业的发展创造一种公平、公开和公正的环境。

3. 在新的历史条件下，要做到办事公道，就必须做到如下四点：第一，坚持真理。即坚持实事求是的原则，坚持正确的是非观，就是办事情、处理问题要合乎公理、合乎正义。第二，公平公正。公平公正是指按照原则办事，处理事情合情合理，不徇私情，不因个人的偏见、好恶、私心等，去对待事情和处理问题。第三，公私分明。公私分明是指要把社会利益、集体利益与个人私利明确区别开来，不以个人私利损害集体利益。第四，光明磊落。即指做人做事没有私心，胸怀坦荡，行为正派。它既是做人的一种高尚品德，也是对从业者的职业要求。

思考题

案例一

无私铸造一身正气

牛玉儒说过："无私才能忘我，去私才能为公。"他在三十多年工作中，始终保持忘我的激情，对党和人民的事业赤胆忠诚，其源头正是共产党人大公无私的人生信念。他的朝气、硬气，正是来自大公无私、清正廉洁。也正是大公无私、清正廉洁，才铸造了他的一身正气。

大公无私，才能权为民所用。"我手中的权是人民给的，不属于我自己，我不能随便支配。"牛玉儒从包头到呼市，无论是数以百亿元的巨额招商引资，还是大规模的城市建设，作为市长、市委书记，手中的权力不可谓不大，但他坚定地恪守廉洁奉公的操守。唯有这样，他才不以手中的权力为自己牟利，过得权力关；唯有这样，他和家人才不给上门送礼者开门，踏过金钱关；唯有这样，他才拒绝了下岗的妹妹让他给找工作的要求，坦然走过亲情关。

牛玉儒闪光的人生、可歌可泣的事迹告诉我们：一个共产党人，从举起右手宣誓的那一刻起，为人民的事业公而忘私就应该伴随生命的全程。只有保持共产党人清正廉洁、大公无私的浩然正气，才能将自己的热情、智慧、力量忘我地投入到为人民谋利益的事业中。唯有这样，共产党人的先进性才能保持下去，也才能得到人民的称颂。

资料来源：小刚：《无私铸造一身正气——学习牛玉儒精神系列谈之五》，载《中国纪检监察报》，2004-12-09。

案例二

这样办事真公道

2003年9月1日是贯彻落实公安部、省厅便民利民措施的第一天，在五河车管所大厅内，前来办理牌证和审验驾驶证的人员都在很短时间内便办理完毕。尤其是车辆入户，过去要经过登记、审批、发牌三道程序，现在可以一次性直接办理，减少复杂又烦琐的办事程序。过去审验驾驶证要经过宣传教育部门办理相关审验学习手续，“绕过一道弯”、“穿过一道梁”才能审验盖章，现在改为无违章记录者可直接到大厅办理，有违章记录的要经过安全教育学习后才能办理；在车辆选号方面，过去需要找熟人找关系，才能选到自认为好的牌号，现在采取电脑自动选号，让你有两次机会，选上你满意的牌号。

在大厅内，有位农民拿着自己亲手选的牌号，高兴得合不拢嘴，这位农民辛辛苦苦忙了大半辈子买了一辆摩托车，听说要想上好牌照，先要找人送礼，便怀揣两条“红黄山”香烟到县城车管大厅上牌、选号。当他把香烟掏出来示意办事人员给他找一个好牌号时，被办事人员谢绝了。办事人员告诉他上牌照需要自己动手选号，经过两次选号后，他终于领到了自己亲手选的牌号，连声说：“这样办事公道，好！好！”

随着便民利民措施不断深入，五河交警大队制定了更细、更简化的便民利民措施，方便了群众，密切了警民关系。

资料来源：肖殿良：《这样办事真公道》，载《现代交通管理》，2003（10）。

案例三

当“村官”办事得公道

作为一名“村官”，昆明市官渡区福保村村委会主任杨明十分注重办事公道。有一次，一位村民急匆匆来找杨明说：“主任，你不去管一管那个厂长，把我们福保人撵出车间来了，本村本土的还被外来人欺负，哪有这样的道理。”杨明了解情况后不慌不忙地对这位村民说：“请你还是先回去管教一下自己的儿子，那个厂长是村委会请来的专家，现代企业管理就是要严格，厂长管得有理我们要支持。福保人和外来务工人员要一视同仁，不遵守企业的规章制度就要受处罚。村里几个年轻人回乡安排在工厂工作还不服从管理，别以为是村里办的企业，村民就可以搞特殊，这不行，在工厂里更要建立公平和谐的关系。”杨明的一席话劝走了来告状的村民。同时也让在场的人深感杨明做人做事主持公道，让人信服。

杨明经常说：“农村要实现小康，我这个村官就得秉公办事，全心全意建立公平和谐的社会环境。中央号召我们构建和谐社会，我理解是农村在发展经济的同时还要倡导尊老爱幼，团结友爱，互帮互学，在和谐的气氛中每个村、每个人的本职工作都做好了，社会就发展了。所以一个村委会主任官虽小，但要为群众鼓实劲，说实话，讲公平，讲团结，群众才会喜欢你，信任你，跟着你奔小康！”

资料来源：刘云：《当“村官”办事得公道》，载《云南日报》，2005-03-23。

案例四

坚持按照操作规程，铸造海尔高品质

1984年，张瑞敏来到青岛电冰箱总厂（海尔前身）就任厂长时，呈现在他眼前的是一个濒临倒闭的小厂：缺窗少门的破败厂房，员工拿不到工资，负债一百多万元。此时的员工已是牢骚满腹、人心涣散，在厂区打架骂人、随便偷盗公司财产、在车间随地大小便的现象比比皆是。公司一年换了四任厂长，前三任要么知难而退，要么被员工赶走。

该把哪里作为突破口呢？纪律。没有纪律，就不是一支队伍。

面对这支纪律涣散的职工队伍，张瑞敏从朋友那里借了几万元钱，为每一个员工发了一个月的工资。此举令所有员工深受感动，也深感意外。之后，经过认真思索后，他定出了13条基本规定：严禁偷盗公司财产、严禁在车间里大小便……第一次出台的制度，每一条都不是高不可攀，相反，都紧挨着员工的道德底线。任何一条都让员工感觉“不应该”违背，一旦违背，必须受到严肃处理。由于制度有着深厚的群众基础，所以产生了极强的可执行性。

更重要的是，张瑞敏没有让制度停留在这13条上，而是抓住每一个违反制度、纪律的典型，发动大家讨论，挖掘典型行为的思想根源，并在处理上一视同仁，逐步将管理规章及执行上升到理念层次，与工厂生产的产品质量联系起来。

在完成了职业道德层面的管理之后，以此为契机，1985年，他带领海尔人开始了加强制度管理的征程。一年里，共制定了10万字的《质量保证手册》、121项管理标准、49项工作标准、1 008个技术标准。在所有的管理制度中，海尔的工序管理是执行得最为严格的一项内容。海尔集团为每一个管理者压担子，同时，又把管理者肩上的担子一项一项地分解到每一个员工的头上。例如，海尔在生产电冰箱的过程中，从一开始的钢板成型一直到最后的冰箱出厂，总共规定了156道工序，再把156道工序分为545项责任，然后又把545项责任落实到每个人的身上。海尔人称，他们的每台冰箱都如同一个出生的孩子，有毫不含糊的出生记录。直到用户手里，只要出现问题，都能够按照出生记录，对照每一道工序追查到具体的责任人。责任人必须按规定承担相应的责任并接受相应的处罚。

海尔所制定的制度和纪律细致、严谨、务实，每一个环节都直接影响到产品质量。在这种管理制度下，每执行一次制度，就沉淀一个理念，以理念为依据，再制定更多的制度。结果，海尔制度越来越健全，越来越严，同时，纪律文化积淀日益深厚。

张瑞敏认为，“我们所有的质量问题，都是人的问题。设备不好是人不好，零部件不合格是人不合格”。每一个方面都有文化的渗透和影响，同时，每一个方面都有严格的、一视同仁的奖惩制度。人虽然是企业管理的核心，但必须依托于制度进行管理，才有成效，才能将人为的随意性降到最低程度，最终形成“制度与文化”有机结合的“海尔模式”。

资料来源：陈瑛主编：《职业道德——国家职业资格培训教程》，181页。

1. 根据案例，分析说明办事公道所具有的特征。
2. 根据案例，试论述办事公道的作用。
3. 根据案例，谈谈怎样才能做到办事公道。

第六章 服务群众

本章引言

服务群众，就是为人民群众服务，是指在职业活动中一切从群众的利益出发，为群众着想，为群众办事，为群众提供高质量的服务。服务群众指出了我们的职业与人民群众的关系，是社会主义道德建设的核心——“为人民服务”在职业领域的体现。

本章学习目标

- 了解服务群众的基本含义
- 认识服务群众的特征
- 理解服务群众对个人和企业的作用
- 掌握服务群众的基本要求

第一节　服务群众的含义及特征

引入案例

光明使者

宝鸡市民中有句广为流传的“口头禅”：“要修电，找二宝，二宝来了没嘛嗒（当地口语，意为没问题）。”这位“二宝”就是宝鸡供电局“二保紧急修理服务队”名誉队长赵二宝。

1977年，赵二宝进入供电局，这一干就是29年。他虽然只有初中文化，但因为刻苦钻研、善于总结，不仅业务熟练，而且对服务区内的行车路径、供电方式、具体接线、用电设备状况等了如指掌。在多年的职业生涯中，每次遇到难度大的事儿，赵二宝第一个上杆；雨天抢修危险，他冲锋在前；队里谁生病了，他主动顶上……

2001年除夕，辖区10千伏水泥支线被货场吊车碰断，赵二宝带领全队同志前去抢修，经过一夜奋战，终于在初一早晨5点恢复供电。2002年冬天，一场大雪使10里之外的蟠龙塬村变压器损坏，全村断电。赵二宝和队员一起背着抢修工具，徒步一个多小时赶到村里处理故障……在他的带领下，服务队每年实施紧急修理服务5 000余次，修复率100%。

赵二宝说：“我的父辈是从河南逃荒来到宝鸡的，家里很穷，小时候根本用不起电，长大后，就希望家家都能用上电。如今，户户亮就是我的追求。”

在宝鸡市的特困户、孤寡老人眼中，赵二宝是名副其实的“光明使者”。十里铺苗圃新村特困户张文成老人因交不起电费，晚上不敢开灯。赵二宝知道后，上门为老人装上日光灯，并替老人缴了电费，还给老人买了过冬的电暖器。张文成说："有二宝，我还想多活几年。"狄家坡李雨琴大娘与8岁的孙女相依为命，每月仅靠130元补助费生活。2004年1月初，李大娘家的电灯开关坏了，赵二宝掏钱买来开关换上，临走还留下20元钱，说："我的电话写在墙上了，以后有啥事您就叫我。"

2005年2月，陕西省电力公司领导到宝鸡供电局检查工作时提出："彰显服务特色，树立行业形象，需要出现更多的赵二宝，出现更多的'二保服务队'。"当年3月，第二支"二保紧急修理服务队"在宝鸡市东分局成立；5月，第三支服务队在偏远的凤县供电分局成立。至此，3支"二保紧急修理服务队"覆盖了宝鸡供电局整个辖区。

资料来源：《人民日报》，2006-06-29。

一、服务群众的含义

"服"有承担、担当之意，如服役（服兵役）；"务"的本义是勉力从事。服务群众揭示了职业与人民群众的关系，指出了职业劳动者的主要服务对象是人民群众。服务群众是职业行为的本质，是社会主义道德建设的核心在职业活动中的具体运用。每一个职业劳动者都是群众中的一员，服务群众的实质就是群众自我服务，即全体社会职业劳动者之间通过相互服务来谋求共同的幸福。

"服务群众"的意义在于，它把服务的权力归还人民，使服务具有普遍性、平等性，使其道德内涵真正得到体现。尽管每个人的能力有大小、职位有高低，但都有为人民服务的共同义务和责任。任何人只要占据职业岗位一天，就应使该职业岗位的义务和责任得以体现。

服务的过程应该是服务者与被服务者平等、相互尊重、共同进步的过程。服务群众的内容包含着两个层次，首先要求热情周到，从业人员对服务对象和群众要主动、热情、耐心，服务细致周到、勤勤恳恳；其次，努力满足群众需要，为群众提供方便，想群众之所想，急群众之所急。

我国古代官箴里也有相关记载。首先要“敬以临之（民众）”，其次是得百姓之欢心，“民之所好，好之；民之所恶，恶之”（《大学章句·集注》），再次要认真了解民众的真实想法，认识到“为政，通下情为急”（《薛文清公从政录》）。要求“视民如父母之于赤子”（《二程粹言·卷上》），像父母对待子女那样去体贴关心民众的疾苦，做到“惜民之力、节民之财”，不巧取豪夺，也不滥兴徭役，让民众有时间安心生产，同时注意救助鳏寡孤独、赈济水旱灾民，使民众维护最基本的生活水平。虽然这是古代对官吏的要求，但在今天对于每一个从业人员服务群众意识的培养，仍然具有普遍的借鉴意义。

在市场经济条件下，服务群众的意识只能强化，不能淡化。要使每一个职业劳动者懂得，他所从事的工作既是为着自己的生计，也是为着社会的发展和他人的便利。马克思指出：“服务本身就是商品。服务有一定的使用价值（想象的或现实的）和一定的交换价值。”① 尽管参与市场经济的人，未必个个都有公正无私的道德境界，但要在市场立足并获得发展，就必须放弃损人利己的思想，用自己服务性的劳动交换他人的服务；以自己的优质服务享受他人的优质服务，这样才能促进良好社会生活的实现。从这个意义上讲，服务群众的过程也是个人价值实现的过程。

二、服务群众的特征

急群众之所急，想群众之所想，忧群众之所忧，乐群众之所

---

① 《马克思恩格斯全集》，中文1版，第26卷（Ⅰ），149页，北京，人民出版社，1972。

乐，是贯彻党的宗旨的题中应有之义。服务群众首要的是树立群众观念，尊重民意。从解决群众最为关心的问题入手，真抓实干，一步一个脚印，真正为群众谋利益。

1. 以人民群众的利益为出发点和落脚点

服务群众的出发点在于尊重群众。它要求尊重对方的意见，倾听对方的声音，郑重考虑对方要求，相互交换意见。群众是我们的衣食父母，因为有了无数普通群众的需要，才有了我们正在从事的职业活动，而我们所从事的职业活动也才有了社会价值，我们的个人才华也才有了可以施展的舞台。在现代社会里，消费者就是至高无上的王，没有一个企业或者工厂敢于蔑视消费者的意志，蔑视了消费者，一切产品就会卖不出去，一个公司是如此，一个人也如此。一个职业劳动者只有真正懂得尊重人民群众，了解群众的所思所需，才能更好地维护人民群众的利益。一个视群众为草芥的人，不可能倾听群众的声音，了解群众的需求，真正地为群众服务。因此，尊重群众是服务群众的思想前提。

服务群众的落脚点是方便群众。只有以方便群众的思想为指导，才会有切实的方便群众之举。亿万富翁雷蒙·A·克罗克是靠经营售价为 15 美分或 75 美分一个的汉堡包发迹的，他深深地感到，在食品业中，消费者就是上帝，必须把顾客放在第一位，使他们得到满意的服务。克罗克快餐公司为了方便顾客快速就餐，一律采取“自助餐”的形式，食物都装在纸盒或纸杯里，顾客只需排一次队，便可将食物自行取走。为了在美国高速公路四通八达的情况下满足顾客的就餐需要，他们在公路两旁和郊区开设了许多分店，并在附近装上通话器，上面标上醒目的食品名称和价格，使外出游玩和办事的乘客经过时，只需要打开车窗门，向通话器报上所需食品，车开到店侧小窗口，就能一手交钱，一手交货，并可马上驱车赶路。

每一个人都需要服务，每一个人又必须通过自己所从事的具体工作为他人、为社会服务。方便群众正是服务群众的实际举措。每个行业、部门和岗位服务群众的方式和内容是不同的，因此，方便群众的具体表现也不尽相同，关键在于每一个职业劳动者是不是真正在思想意识中树立起了方便群众的观念。

2. 服务主体与客体高度统一

每一个职业劳动者都是群众中的一员，服务群众的实质就是全体社会职业劳动者之间通过相互服务来谋求共同的幸福。服务对象和服务者的统一，是社会主义制度下人与人之间新型关系的体现。因此，必须防止个人主义对服务群众意识的侵蚀和对服务群众行为的破坏。

所谓“个人主义”，实际上就是以个人的利益和前途为根本、为中心的一种思想理论。这样的人无论办什么事情，首先想到的不是他人、集体、社会、民族、国家的利益，而是自己的利益。一切“用我的尺度衡量”，一切“按我的意志行动”，一切“以自我利益为核心来判断”，甚至为了个人利益而放弃国家和民族的利益。

当前我国现实生活中，个人主义的表现主要有以下几种：一是极端个人主义。有此种思想的人，认为人的本性都是自私的。一事当前，先为自己打算；为了个人的利益，不惜损害他人的、甚至国家的利益；为了个人的目的，不择手段。二是合理个人主义。有人认为，在社会主义制度下，宣扬极端个人主义不易为人们所接受，所以，主张奉行“有节制的个人主义”，主张奉行“主观为自己，客观为别人”的个人主义。这种个人主义，虽然不像极端个人主义那样露骨，但是，它仍然是以个人为核心，用个人利益看待一切。三是家庭个人主义。有些人把家庭利益看得过重，甚至采取不正当手段，把家庭及其成员的利益放在他人、集体和社会利益之上。四是集团个人主义。这种形式的个人主义可以是机关的、企业的、行业的、地区的，其实质是个人主义的扩大。它常常打着“为大家”、“为集体”、“为集团”的旗号，实际上是把自己小集团的利益放在整个国家利益、社会利益之上。托克维尔认为，个人主义起初只是损害公共生活美德，但从长远的观点来看，它却侵袭和摧毁了所有其他美德，沦为彻头彻尾的自私。因此，个人主义必须引起全党、全社会、全国人民的高度重视。

我们反对个人主义，强调把集体利益放在首位，尤其是当两者发生矛盾时，提倡个人利益应服从集体利益。但这并不是一概排斥和否定个人利益。在社会主义条件下，正当的个人利益不仅能得到道德上的肯定，而且会受到法律的保护。在职业活动中，我们既不能片面地强调集体利益而忽视个人利益，也不能片面地强调个人利益而忽视集体利益，而是要把两者有机地结合起来，以促进经济建设的发展，既保障集体利益，又维护个人利益，充分发挥从业人员的积极性和主动精神。

3. 服务群众，人人有责

提到服务群众，有人认为这只是对共产党员和领导干部的要求，或只是对服务行业职工提出的要求。这种观念不仅是错误的，而且是有害的。服务群众是“为人民服务”宗旨的具体体现。“为人民服务”作为社会主义道德建设的核心，其最重要、最有效的载体就是职业道德，它把“为人民服务”思想集中地充分地体现了出来。因为，“为人民服务”的宗旨，不是离人们具体生活遥不可及的内容，它蕴涵在人们平凡的工作和生活之中：干一行，爱一行，兢兢业业做好本职工作，是“为人民服务”；踏踏实实为他人做点好事、做点实事，是“为人民服务”；真诚待人，团结同志，助人为乐，热心公益，扶困帮贫，见义勇为，是“为人民服务”；依法经商，合法求财，使个体或局部的利益吻合国家的总体利益，同样是“为人民服务”。总之，“为人民服务”既是一种高尚的行为宗旨，也包含着丰富多彩的具体内容。不同的岗位，都是实践“为人民服务”的人生舞台。因此，服务群众，是每一个公民的责任和义务。

第二节　服务群众的作用

引入案例

强化道德实践，让员工与企业共同成长

北京移动通信有限责任公司（以下简称北京移动）是北京地区经营移动通信业务的专业公司。经过近几年的快速发展，已拥有900余万客户。在加强对职工的职业道德教育方面，北京移动注重把职业道德与建设精神文明相结合，与更好地为客户服务相结合，与积极承担社会责任相结合，推动了企业健康协调发展，实现了员工与企业共同成长。

北京移动以“追求客户满意服务”为经营宗旨，以“沟通从心开始”为服务理念，以客户的感知效果作为衡量服务的标准，不断优化商业过程，客户满意度不断提高。此外，公司坚持主动接受企业内部、外部监督，特别是来自社会各方面的监督，及时向聘任的社会监督员汇报服务工作进展和改善的情况。各窗口单位定期走访市、区信访办，消协和信息产业部接受投诉的部门，主动征求意见。

在服务改进项目中，全国青年文明号三元桥营业中心提出了“用我爱心，换您舒心；用我热心，换您省心；用我细心，换您放心；用我耐心，换您安心；用我诚心，换您开心”的服务理念，并率先将“排队经济”的理论运用到工作中。通过报刊服务、音乐服务、电视服务、糖果服务、流动业务咨询服务等措施努力缩减客户排队等候的心理时间。为了彻底改变传统的排队方式，2002年又推出了排队叫号系统，让客户在公平、轻松、随意的环境中享受服务。为了满足不同客户的服务需求，还相继推

出了英语服务，特别是为了满足聋哑客户的要求，专门组织员工学习手语。三元桥营业中心还在营业厅开辟了GPRS网络自助服务区，客户不仅可以享受到免费的饮水服务、充电服务，更能享受到免费的上网服务。

资料来源：郝中实、马翠华：《让员工与企业共同成长——北京移动职业道德建设探索》，载《通信企业管理》，2005（7）。

良好的职业道德，对一个员工来说，是个人良好品质在工作岗位上的体现，是其工作业绩的大小和个人价值的体现方式；对一个企业来说，是企业前进和发展的巨大动力，关系到企业的前途命运。

一、服务群众对从业人员自身发展的作用

一个人一生中的许多时间是在职业生活中度过的，对本职工作的态度，在本职工作中的表现，是一个人素质高低的重要标志。党的好干部孔繁森，优秀工人代表徐虎、李素丽等都是在自己的岗位上，尽职尽责、热心服务、甘于奉献，表现出崇高理想境界和高尚道德情操的典范。一个人良好素质的形成，受多种因素的影响，但主要依靠在职业工作中的实践养成。

1. 服务群众有利于树立崇高的职业理想

理想源于现实又高于现实，立足于现实又指向未来。理想可以根据内容不同而分为政治理想、职业理想、生活理想等。职业理想是一种社会意识，它和其他意识现象一样，不是凭空产生的。职业理想的内容是对现实社会生活的反映，现实社会的政治、经济、科学和文化是职业理想形成的源泉。因此，不同时代、不同阶级的人，具有不同的职业理想。社会主义的职业道德要求人们把自己的职业理想同社会主义现代化建设事业结合起来，要求各行各业的劳动者，着眼于社会和国家的整体利益，努力做好本职工作，为人民服务。

冬天的北京，阜外大街旁的一座小楼里，一个到处是花草和小鸟的房间，83岁的霍懋征老人在其中穿梭。霍懋征，新中国首批特级教师之一，我国小学教育战线上最有影响的教育家之一。1943年霍懋征大学毕业，身为北师大数理系高材生的她却提出去师大附小做小学老师，令人大惑不解，但是，她却态度坚决："我喜欢小孩子，更重要的是小学教育是启蒙教育，是一个人一生中最重要的教育。基础打好了才能盖起高楼大厦，我愿意做打基础的工作。"在她眼里，教师不仅是一种职业，更是一项事业。对一个人来说，最重要的支撑就是思想支撑，有了正确而崇高的思想支撑，一个人才能在自己选择的区域内排除万难取得成就。①

2. 服务群众有利于增强职业荣誉感

职业荣誉感，是指人在职业活动中履行了社会义务之后，对其职业行为的社会价值所作出的肯定评价以及从业者对这种肯定评价的自我意识。职业荣誉有两个方面的内容：一是社会舆论，即从业者由于在职业活动中履行了社会义务，对社会作出了一定贡献而得到社会的肯定和公认；二是自我意识，即从业者对自己职业行为社会价值的自我评价，以及因履行了社会义务而产生的满足感和自豪感。

对于服务群众，人们往往用态度好坏来评价。很难设想，一个对自己所从事的职业毫无感情的人，能把服务工作做好。从实际情况来看，人们常常无法先对某种职业产生感情，然后才选择某种职业，往往是在职业活动的实践中才逐步树立起对职业的感情。有个宾馆的总经理反映：最近他们向社会招聘了一批下岗女工，经过短期培训后，在宾馆后台上岗工作，尽管工作较累、较苦、较脏，但是这些女同志（大多数是四十岁上下）尽心尽责，工作都很认真，上上下下反映都很好，与她们形成鲜明对照的是那些二十多岁的年

① 参见刘宏伟、廉清：《思想道德修养教学案例》，434～439页，北京，中国人民大学出版社，2004。

轻职工，这些人对工作的责任心就差多了，工作质量、纪律等方面，都不如那些重新择业上岗的女工，显然这是对工作的认识不同、人生体验不同而造成对工作、对岗位的感情、责任心存在差异，进而造成对工作态度和工作质量的影响。由此可见，培育职业感情，是更好地实现为群众服务的基础。

现在，许多企业都把培育职业感情，树立敬业爱岗的观念，作为职业道德建设的重要内容。有的企业把爱国主义、集体主义、社会主义教育和爱厂爱岗教育结合起来；有的企业广泛宣传本企业的优良传统，激励职工的职业光荣感；有的企业注重组织职工学习文化、科学、技术知识，提高职工的服务本领和服务的文化含量，使职工在得心应手的服务中，感到快乐和满足、充实和提高。

3. 服务群众有利于增强职业责任感

职业责任感是从业者在职业道德活动中形成的，对于他人或社会应负责任的一种内心体验和道德情感。它既是职业道德行为的出发点，也是激励人们实现某种职业道德目标的动力。职业责任包括职业集体责任和职业个人责任两个方面。职业集体责任，应由集体的各个成员共同来完成。职业个人责任由从业人员个人充分发挥主观能动性和创造性独立地完成。只有每个从业人员都能承担起各自的岗位责任，职业集体才能全面地履行对社会所应承担的责任。

但在现实生活中，某些人在处理职业的责、权、利三者关系上出现了严重的分离。有些人不是把党和人民赋予的职责用于为人民服务，而是当作权力对服务对象进行关、卡、压；对自己的工作不是尽职尽责、一丝不苟，而是马马虎虎、不负责任；对自己的服务对象不是满腔热忱，而是一脸冰霜，动辄训斥，甚至张口骂人。有的人竟无视法律，做出违法犯罪的事来。其实，履行职业责任是获取职业利益的前提，职业权力是履行职业责任的保障。在市场经济条件下，从业者履行了职业责任按劳获取合法报酬这是理所应当的事情，从业者获取的工资奖金就是履行职业责任的合法报酬。

二、服务群众对企业的作用

服务群众是企业的一项重要内容和原则，企业无论向市场提供的是自己所生产的产品，还是某项具体的服务，无不需要以此为指导原则，一旦背离这一原则，企业就不可能在市场上立足。这是因为服务群众有以下几方面的作用：

1. 服务群众有利于树立企业形象

“让顾客满意”直接关系到树立企业形象、打造企业品牌、增强企业竞争力。“顾客满意”包括对产品质量满意和对服务满意两层含义。“让顾客满意”就是要以顾客的评价作为衡量工作的根本标准，提供优质产品，提供优质服务。

杭州电视台西湖明珠频道的《阿六头说新闻》于2004年元旦开播，开播伊始就在杭州引起轰动，收视率高居杭城电视节目的榜首，曾荣获“全国电视百佳栏目”殊荣。《阿六头说新闻》成功的关键，就在于把坚持群众性原则当作做大做强的前提，把联系群众、服务群众作为自己的立身之本，把党的意志同人民的心声统一起来，把国家的方针、政策同群众的思想、感情、生活联系起来，从而在观众中赢得了良好的口碑，树立了自己的品牌。在《阿六头说新闻》中，几乎每一条新闻都有普通百姓在话筒前说话，表达自己的观点和想法。他们曾在新闻中策划了一档题为“显洋”的小栏目，目的是给杭州普通百姓搭建一个在公众传媒上表达的平台。当那些富有生活情趣，拥有绝技绝活的杭州市民走上荧屏，展示他们的宝贝或拿手好戏，抒发对生活的真实感受时，栏目“民本位”的群众性原则就真真切切地实现了。①

2. 服务群众有利于企业利益的实现

在市场经济条件下，企业每一个成员的职业活动，不管自觉还

---

① 参见吴文平：《服务群众是做好正面宣传的重要途径》，载《电视研究》，2006(1)。

是不自觉，都可以归结为“服务”两字，有的是直接服务，有的是间接服务。彼得·F·杜拉克指出，服务得好，企业就兴旺发达；服务得不好，企业就无法生存。正是顾客决定着一个企业的走向、兴衰成败，只有顾客购买商品或服务的意愿才能把经济资源转变为财富和商品。和田加津也曾指出，企业若要生意兴隆，顾客是最重要的因素。在当今商业竞争异常激烈的时代，消费者的购买潮流足以左右一家大企业的兴衰荣损。真正的企业价值不在于店的规模大小、盈利多少、效益高低，而是取决于顾客满意的程度。①

日本的家用电器生产代表了国际最高水准，在激烈的市场竞争中，能够经久不衰，其重要的原因就在于，在生产过程中都能够把握住以消费者需求为导向这一基本原则。以三洋公司为例，每当他们生产一种新的商品，总是要遵循以下原则：一是顾客使用是否方便；二是顾客是否买得起；三是在经销店是否畅销；四是万一出现故障是否容易得到保修；五是工厂是否易于生产。这是他们经过实践证明后积淀下来的毫不动摇的原则，这些原则有机地把追逐利润与坚持商业道德统一起来，这样的原则使三洋电器的产品在国内外市场上普遍受到欢迎。《致富秘诀——美国企业家成功经验》一书中也谈道：“有许多公司视服务工作为其职责陈述中一个明确不移的部分。还有很多这样的公司，优质服务被看做是头号目标，一直以服务到家为最高目标，他们说：‘利益自然就随之而来’。”

社会主义企业作为经济组织，当然要讲经济效益，不然它就无法生存下去。但是它必须处理好以下几个关系：一是处理好义和利的关系。要通过合法经营，公平买卖，合法合理地取得应得利润，而不能发不义之财，损害企业的形象。二是处理好企业效益和社会效益的关系。发展社会主义市场经济，企业的独立意识增强了，这有利于企业的发展和进步，但是决不允许以损害国家和消费者利益

① 参见丰君：《商战谋略巨贾谈——敬业篇》，10～11页，北京，民族出版社，1993。

来换取本企业的效益。三是处理好企业之间的关系。发展社会主义市场经济，企业之间必然要有竞争，企业也只有增强竞争力，才能立于不败之地，但还是要讲协作，讲共同发展，不能尔虞我诈，损人利己。总之，优质产品和优良服务，始终是企业安身立命之本，也是企业坚持社会主义方向的具体表现。

第三节　服务群众的基本要求

引入案例

造福人民，实践党的宗旨

“培民书记视察路，访贫问苦鱼水亲。改变千古羊肠道，火禾公路暖人心。千言万语说不尽，永远难忘书记恩。”这是一首在湖南自发传唱的苗族山歌，歌唱的是原湖南省委副书记郑培民的事迹。2002 年 3 月，郑培民赴北京工作期间，突发心脏病去世。听到这一噩耗，湘西老百姓的笑脸立即转为了抽泣，继而变成放声大哭。当郑培民的骨灰运回长沙的时候，来自各行各业的人们自发地排起了哀悼的长队。

“当干部就要多做造福人民的事”，这是郑培民为官从政的基本准则和不懈追求。在 20 多年的领导工作中，郑培民始终坚持改善人民群众的生产生活条件，真心诚意地为群众办好事、实事。他尽心尽力地为贫困群众解决实际问题，帮助他们走上致富之路；他身体力行地推广农业新品种、新技术，为农民增收不遗余力；他推动当地名优支柱产业的扩张升级，为长远发展夯实基础；他努力推动全省教育、文化、体育事业的发展，总结推广素质教育经验，发展壮大“电视湘军”、“出版湘军”和“体育湘军”，受到人民群众的交口称赞。

坚持为民造福，就要有为民造福的真心诚意。郑培民始终把为民造福作为第一责任，把为民造福当作最高追求，以群众的需要为第一选择，以群众的满意为第一标准，尽心尽力地为群众解决最实际的困难，为了多做造福人民的事，郑培民努力学习，勇于实践，深入实际，调查研究，坚定不移地把中央的路线、方针、政策与本地实际结合起来，不断探索适合本地发展的新思路、新办法，带领人民群众团结奋斗奔小康，取得了为民造福的显著成绩。

实干兴邦，空谈误国。郑培民在湘西工作的两年多时间里，为寻求富民之策，跑遍了全州的218个乡镇，住过30多个村寨。他夙兴夜寐，忘我工作，咬紧牙关，苦练内功，脚踏实地不飘浮，埋头苦干不张扬。他为民造福的政绩虽没有摆在自治州首府的街面上，没有放在显山露水的国道旁，但件件做得让老百姓满意。

资料来源：仲祖文：《“当干部就要多做造福人民的事”——四论学习郑培民》，载《人民日报》，2003-04-08。

一、要牢固树立马克思主义群众观

中国共产党从历史唯物主义观点出发，科学深刻地认识到人民群众是历史的创造者，是我们的力量源泉和胜利之本。坚持为人民服务为道德核心，是对民族传统美德的科学继承和发展。为人民服务是社会主义道德体系区别于其他道德体系的根本标志。“全心全意为人民服务，立党为公，执政为民，是我们党同一切剥削阶级政党的根本区别。”

1. 服务群众要出自真心

对历史发展起决定性作用的是人民群众，他们是真正的英雄。服务群众要出自真心，要在为群众办实事、办好事的实践中实现自己的人生价值和崇高追求。我们的衣食，我们的权力，都是人民给的。我们要发自内心地把人民群众当作自己的衣食父母。如果离开了人民群众的支持与拥护，我们就失去了存在和发展的基础。只有我们始终坚持这种观念，才能为人民谋利益，为群众多办事、办实事、办好事。社会主义职业道德是社会主义道德体系的重要组成部分，也是加强社会主义精神文明建设的重要内容和要求，其核心是要求全体从业人员都能自觉地把全心全意为人民服务作为自身职业应尽的职责和义务，把满足人民群众的需要作为自己工作的宗旨和目标。

2. 服务群众要体现爱心

在当代职业道德建设中，弘扬仁爱精神，对于形成关爱群众，全心全意为人民服务的道德风尚具有特别重要的意义。中华民族的优良道德传统中，无论是儒家有差别、分等级的仁爱，还是墨家不分等级差别、更广泛的兼爱，其根本宗旨都是强调以爱己之心爱人、利人、助人，提倡热爱人、关心人、同情人、帮助人的人道主义精神。关心群众，爱护群众，时时处处为群众的利益着想，既要切实关心群众的衣食住行、生老病死、工作学习、休闲娱乐等眼前利益、暂时利益，又要充分考虑他们的长远、永久利益。

立足本职岗位为民服务，我们要牢记“群众利益无小事”，把群众的安危冷暖挂在心上，为群众诚心诚意办实事，尽心竭力解难事，坚持不懈做好事。二见道夫曾指出，要赢得顾客的信任，并不需要干什么大事，而是要注意每一件小事，百分之百地体察人们当时关心的问题，并采取行动，满足他们的需求。

二、顾客第一，热心服务

恩格斯在《路德维希·费尔巴哈和德国古典哲学的终结》一书中指出，在社会生活中，实际上，每一个阶级，甚至每一个行业都各有各的道德。职业的千差万别，决定了职业道德的多样性。不同的职业由于对社会所承担的义务与责任不同，服务于他人的方式也就不同，但它们具有特殊性的同时，也具有一般性的要求。

1. 树立自觉的服务意识

为人民服务没有终点。李素丽曾说过："每一条公共汽车的线路都有终点站，但为人民服务没有终点站，我会永远用自己的真情和奉献同大家一起走向明天。"要在自己的岗位上能够真正地做到服务群众，首先应树立自觉的服务意识，尤其是在工作与服务群众出现矛盾的时候，要处理好工作与为人民服务的关系。

是采访还是救人？当美国《俄勒冈报》的一名记者在驱车经过一座大桥时，目睹了一对夫妇扭斗，以及随后丈夫跳河自杀的全过程。他没有去救人，而是用相机拍下了 5 张照片。后来这些照片在《俄勒冈报》刊登并被一家电讯社转发给全国多家报纸。西方媒体和新闻记者有他们所谓"客观记录"的价值观，即使如此，这一事件也受到公众的谴责。拍摄一只秃鹫等待吃掉一个垂死小女孩（此图片名为《饥饿的小女孩》）的记者凯文·卡特，在 1994 年还因此获得了普利策新闻特写摄影奖，但是他因为无法承担社会舆论的指责而选择自杀。[1] 2004 年 2 月，新华社福建分社记者姜克红外出采访时，路遇一名正在投河自杀的女子，在周围近百人漠然观之时，姜克红只身一人毫不犹豫跳进寒冷的闽江水中英勇救人。"人命关天，救人要紧。"新闻工作者在险情和灾情面前怎样判断、选择？职业行为和社会良知是否矛盾？其中的"度"怎样把握？答案其实就在自己心里，在我们的良知中，在我们的职业总体规范和要求中。

先做人，而后才是做事，做记者。《解放军报》副总编辑饶洪桥介绍了一个"没有采访的采访故事"[2]：印度洋海啸灾难发生后，众多媒体记者围着幸存者争抢采访，一部轮椅上，坐着一位在海啸中受伤的女孩，"尽管她已被惊惶、疲惫折磨得几乎虚脱，然而在众多话筒、照相机、摄像机的包围中，这位虚弱的女孩不得不面对

① 参见郭天一：《恪守职业道德 树立良好形象》，载《军事记者》，2005（8）。

② 参见《新闻界有太多见义勇为的热血记者——进一步加强职业道德座谈会综述》，载《中国记者》，2005（7）。

无数的问题……”而有一位记者却没有作采访，他和同事脱下外衣，给几位幸存者披上，又去商场给他们买来了食品和水。在解释行为动机时，这位记者写道：“入行前，父亲对我说过，永远记住，在成为一个记者前，你首先是一个人。”通过上面的例子，我们可以看出，无论从事何种职业，每个人既是一个职业者，又是一个社会人。作为一个社会人，他的生活就不可能脱离社会、脱离人群。努力为服务对象提供尽可能满意的服务，是我们一切职业的工作理念和宗旨。所有的职业工作者都应该全面理解服务这一工作宗旨的内在含义，并把它消化到自我的知识结构之中，内化在自己的价值观之中，使之成为一种自觉的思想体系，成为职业价值的主导内容。

2. 端正服务态度

“服务语言，表达情感，一冷一热，优劣自现。好言一句，三月春暖，恶语半句，六月风寒。顾客进店，问声您好，顾客离店，说声再见。诚意在心，笑意在脸，客乐我乐，情留我店。”[①] 主动热情，这是服务人员在接待顾客过程中的动作和态度。有人针对“窗口”行业的服务提出要做到“四声”：顾客进店有迎声，询问有答声，收款发货有请声，离店有送声；“三个一样”：对待生人熟人一个样，大人小孩一个样，忙时闲时一个样。卡耐基也曾指出，非笑莫开店。一笑的价值，它不费什么，但产生许多；它使得者获益，给者不损；它发生于瞬间，而对它的记忆，有时永远存在。

但在现实的生活中，有些人不愿承担责任，甚至连最基本的职责也履行不了。青岛医学院附属医院住院病人安丰荣，在病情出现异常并苦苦哀求八个多小时的情况下，得不到有效治疗，被活活耽误致死。在安丰荣病情异常和急剧恶化的过程中，当班的医务人员表现出十分冷漠的态度，对病人的痛苦无动于衷，甚至加以挖苦、训斥。这是怎样的一种职业情感在支配着医务人员，让人匪夷所

---

① 李京泰、卢树忠：《当代道德箴言录——〈职业道德规范韵语〉读后》，载《人民日报》，1997-01-08。

思。毛泽东在《纪念白求恩》一文中曾指出，对同志对人民满腔热忱，对工作极端负责，对技术精益求精。这几方面是相辅相成的，缺一不可，削弱了哪个方面，职业道德都会是不完整，甚至是畸形的。

唐代名医孙思邈在《千金方》中指出：如果患有重病的人来求救，不得问贵贱贫富，不分年龄大小和长相美丑，不管与自己的关系是亲是疏，也不论他是什么民族或者才智如何，都一视同仁，当作亲人看待。孙思邈认为“如此者可为苍生大医”。我国历代医学名家如扁鹊、张仲景、华佗等，他们不仅掌握了精湛的医术，而且具有高尚的医德，一直受到人民的尊敬和信赖。

罗瑞·迪茨伯格指出，优质服务的11条规则包括：顾客是商业经营中最重要的人；是售货员、商业经理和企业薪水的来源；是我们经营活动的血液；是商店的一个组成部分，不是局外人；顾客不会无事登门，而是为“买”而来；顾客不是有求于我们，而是我们有求于顾客；顾客会给我们带来利益，而我们不会给顾客带来利益；顾客不是冷血动物，他们是有七情六欲的人类普通一员；顾客不是我们与之争论与斗智之人；满足顾客的需要就是我们的工作；顾客是我们应当给予最高礼遇之人。

3. 自觉遵守职业道德规范

俗话说：“没有规矩不成方圆。”一个人的道德观念、道德行为、道德修养都不是天生的，而是经过后天学习，通过教育培养的，都有一个从外部到内部，从他律到自律的形成过程。在职业道德素质养成之前，要依靠职业道德规范的约束，不仅要有外在的舆论、纪律等他律性约束，而且要通过认知和情感培养使从业人员实现自律性约束。

职业道德建设要注重量化、标准化，建立有效的内部约束机制。服务态度不好、职业道德下降的一个重要原因是，以往工作中粗放式管理，缺少具体、明确、操作性强的行为规范和要求。有些服务行业虽然制定了服务公约，但因缺乏有效的约束机制，使所定公约、规定大多流于形式。实践证明，如果没有具体量化、标准化和易于操作的职业道德规范和要求，仅靠一般号召来提高社会整体服务质量，有很大难度，并且不易产生显著效果。

加强职业道德建设，重在教育，贵在培养，从内部给予规范，从外部加以制约，真正落实到每一个职工的岗位上，使每个职工对自己在企业内和社会上的行为负责。整个社会就像一个大家庭，每个人既是服务主体，又是服务客体。职业道德建设只有充分吸引全体社会成员广泛参与，并在参与中提高自我教育、自我规范、自我控制的能力，才能创造一种和谐协调、健康向上、生动活泼的局面，形成良好的社会氛围，使人们以愉快的心情和饱满的热情投入工作、生活和学习。如果一部分人成为参与者，一部分人成为旁观者，势必造成社会“服务链”的断裂，影响职业道德建设的整体水平。

有了行为规范，还要有能够切实贯彻、落实规范的途径和方法。综合国内各企业的做法，概括起来大致是：劝、导、训、逼、罚。劝就是针对具体人的具体问题，进行劝解，帮助他解决思想、心理问题和困难，克服一时障碍，完成职业职责；导是从方向、精神上引导从业者积极向上，努力工作，它具有普遍性、共同性、长远性的教育作用；训，就是进行与职业有关的行为、作风训练，使其养成良好习惯，以至于形成第二天性；逼，就是利用制度、物质利益手段，甚至关乎生存的手段，把不求上进、不务正业者逼上正路，使其勤奋工作，遵守礼法；罚，就是对因失职、怠工、违纪而损害集体和社会利益者，给予一定的惩罚。这些做法的根本目的归结起来就是要把职业道德的贯彻与职业的责、权、利结合起来，同纪律、规章、制度、法规结合起来；不仅使从业者不好意思怠工，不故意怠工，不会怠工，不能怠工，不敢怠工，而且更重要的是使其具备较高的道德自觉性，树立起为人民服务，为社会服务的观念，积极主动地承担职责，做好工作。这就要加强从业者的道德自律。①

① 参见宋希仁：《职业道德的自律和他律》，载《广西大学学报》，1999（3）。

自律是人区别于与动物的显著标志。17世纪法国思想家帕斯卡尔说，人是一株能思考的苇草。他说："我应该追求自己的尊严，绝不是求之于空间而是求之于自己思想的指导。我占有多少财物都算不了什么；由于空间、宇宙囊括了我并吞没了我；由于思想，我却有了世界。"自律的思想、意志和行为闪烁着人类理性的光辉。与此同时，自律是养成高尚品德的必由之路。外在的美是容易腐烂而难以保存的，只有内在的美德，才能永存于皓皓长空。自律是人格完善的一种方式。职业道德的自律同样可以使人趋向人格完善的境界。一旦道德自律成为相对的心理习惯，对职业道德的履行就可以使人获得一种满足感和自我认同感。从业人员可以通过定期的学习和磨炼，把职业道德规范内化成自己的行为习惯。人类正是在这种不断进步的过程中自我发现、自我认识、自我发展、自我完善的。①

三、自觉履行职业责任

服务群众要在掌握一定的服务技能基础上，承担起本职业的社会责任，只有这样才能真正地服务于群众、造福于人民。

1. 提高服务技能

离开本职工作谈服务群众，只能是坐而论道，空对空。服务原则要求职业工作者必须不断提高自己的服务能力。第一，丰富服务知识。在职业服务过程中，逐渐了解顾客的消费需求，消费心理，熟悉程序，掌握方法，从而全面丰富自己的知识。第二，锻炼服务技能。面对不同的顾客采取何种服务方式，如何快捷顺利地处理突发性服务事件，这些都需要掌握一定的技能。第三，提高服务修养。在服务过程中，对顾客尊重、热情、友好、礼貌，语言恰当，行为得体。

要想更好地为群众服务，首先要以一定的职业技能为支撑。从

---

① 参见高雅珍：《自律与职业道德》，载《工会理论与实践》，2003（4）。

金牌工人许振超身上，我们可以深深地感悟到这一点。干活不能光用力气，还要动脑筋；咱当不了科学家，但可以做个能工巧匠。一次，队里的一台桥吊控制系统发生了故障，请外国厂家的工程师来修。专家干了12天，一下子挣走4.3万元。这件事深深刺痛了许振超。他想，如果自己会修，这笔钱不就省了吗？每天下了班，他拿着借来的备用模板，一头扎进自己的小屋里。一块书本大的模板，一面是密密麻麻镶嵌的上千个电子元件，另一面是弯弯曲曲的印刷电路，这样的模板在桥吊上一共有20块。为了分辨细如发丝、若隐若现的线路，许振超专门用玻璃做了个支架，将模板放在玻璃上，下面安上100瓦的灯泡，通过强光使模板上隐身的线路显现出来，然后一笔一笔绘制成图。光分辨这2 000多个焊点，已经够麻烦了，要弄明白它们之间的连接更麻烦。一个点前后左右可能有4条连线，而且每一条连线又延伸出两条连线，两条再变成4条，最多的变成20、30根连线，每个点、每条线，许振超都要用万用表试了又试，一条线路常常要测试上百个元件，直至最终试出一条通路来。就这样，许振超每天晚上坚持干3个多小时，用了整整4年时间，一共倒推了12块电路模板，画了两尺多厚的电路图纸，终于攻克了技术难关。这套模板图纸后来便成了桥吊司机的技术手册，成了青岛港集装箱桥吊排障、提效的“利器”。一次，一台桥吊上的一块核心模板坏了，许振超跑到电器商店花8元钱买了一个运控器，回来换上后桥吊就正常运作了。而这要是在以前，换一块模板得花3万块钱！近几年来，经他主持修理的项目累计为青岛港节约800多万元。①

2. 自觉担当社会责任

2006年6月29日的《人民日报》曾登载了一篇题为《少一点低俗 多一些责任》的文章，文章指出，现在大多数人根本不从历史的和文化的精神来进行思考和创作，很少有人从民族的世道人心来触摸时代脉搏；只是想经过简单的克隆和复制，毫不费力地收取

① 参见刘宏伟、廉清：《思想道德修养教学案例》，267～271页。

名利。结果平庸自不必说，道德沦落则日见明显。古人曾有“两句三年得，一吟双泪流”的至情，“吟安一个字，拈断数茎须”的执著，“为人性僻耽佳句，语不惊人死不休”的浩气，我们应该少一些物欲的功利思想，多一些写作的平常心，多一些可传承的思想创作，让人涵咏，让人沉醉，让人扼腕悲吟，让人为之倾倒。这里主要是针对创作领域中存在的问题而谈的，但道理都是相通的，无论我们从事何种职业都应该承担起我们的职责。

俗话说：“在其位，谋其政，尽其责。”要虚心倾听群众心声，改善自己的工作服务质量，对群众的投诉举报认真对待，简化手续，及时处理落实。另外，还要发挥大众传播媒介的舆论导向作用。传媒是一种强有力的舆论工具，通过传媒的力量可以及时报道事件，在较短时间内形成较大范围的具有较强力量的社会舆论，从而使违规者感受到强大的社会压力，弃恶从善。

2001 年 11 月 21 日，中央驻郑州某科研所传出一条爆炸性新闻：该科研所高级工程师王致梅因制毒贩毒被公安机关依法逮捕。王致梅早年曾留学美国，被著名的麻省理工学院授予博士学位，归国后她潜心攻关，在科研领域获得过多项国家科研成果奖，并获得河南省政府专家特殊津贴。如此一位科技精英，何以会走上歧途，堕落成一个令人不齿的毒枭呢？最根本的原因就在于，她的人生价值取向发生了偏移，形成了个人价值中心主义，而完全忘却了作为一名科研人员所承担的社会责任。现在提出的“社会主义荣辱观”教育其中重要一点，就是要“以服务人民为荣，以背离人民为耻”。因此，每一个职业者，在从事自己的职业时，首先应该考虑到的就是人民利益，考虑如何服务人民，为人民谋利益。

本章小结

本章主要阐释社会主义职业道德基本规范之一——服务群众，主要内容包括以下几部分：

1. 服务群众是职业行为的本质，是作为社会主义道德核心的为人民服务在职业活动中的具体运用。服务群众揭示了职业与人民群众的关系，指出了职业劳动者的主要服务对象是人民群众。每一个职业劳动者都是群众中的一员，服务群众的实质就是群众自我服务，即全体社会的职业劳动者之间通过相互服务来谋求共同的幸福。尽管每个人的能力有大小、职位有高低，但都有为人民服务的共同责任。任何人只要占据职业岗位一天，就应使该职业岗位的义务得以实现。服务的过程应该是相互尊重的，服务者与被服务者是平等的、共同进步的。

2. 服务群众具有以下三个方面的特征：以人民群众的利益为出发点和落脚点，服务群众的出发点在于尊重群众，服务群众的落脚点是方便群众；服务主体与客体的统一，服务对象和服务者的统一，是社会主义制度下人与人之间新型关系的体现；服务群众，人人有责。

3. 服务群众的作用。服务群众对个人来说，有利于树立崇高的职业理想；可以增强职业荣誉感；有利于增强职业责任感。对企业来说，有利于树立企业形象；有利于企业利益的实现。

4. 服务群众的基本要求。一是要牢固树立马克思主义群众观，人民群众是历史的创造者，要关心群众，爱护群众；二是顾客第一，热心服务，要树立自觉的服务意识，要端正服务态度，要遵守职业道德规范；三是服务群众要自觉履行职业责任，服务群众要以服务技能为基础，服务群众要自觉担当起本职业的社会责任。

思考题

案例一

与血吸虫较量33年的大夫

让华佗无奈的“小虫”，他一斗就是33年，串串浸透汗水的果实让世界专家学者的眼球聚焦洞庭。

1973年，年仅21岁的李岳生毕业于湖南医学院，当时他有条件留在长沙的医院。然而他选择了位于岳阳市洞庭北路的湖南省血吸虫病防治所。

从当上“血防人”的第一天起，李岳生就树立了消灭“瘟神”造福人民的远大理想。他和同事们一道下湖区、蹲苇棚、睡船舱，没日没夜地查螺灭螺、收治病人。强烈的同情心和责任感驱使李岳生在业务上精益求精。繁忙的工作之余，别人累得倒地就睡，而他总是找个清静的地方掏出书本就“啃”。

1999年，时任湖南省血防所科教科科长的李岳生有4项课题在世界卫生组织的课题竞标答辩中中标，这是中国血防专家首次出现在血吸虫病防治国际论坛上，并取得“百分百”的胜利。2001年回国后的李岳生被湖南省卫生厅起用为血防所副所长，后任所长，湖南省血防所这座洞庭湖畔的医疗机构更加吸引了国际专家学者的眼球。

…………

无论在什么岗位，无论声誉地位发生了多么大的变化，李岳生总是以一颗寻常之心，身体力行地投入查螺灭螺、防治结合的血防工作。

2005年12月3日，李岳生为了调查一起群众反映的大面积发热现象，带领10多名专家深入农户逐个检查，一天之内走访了520多人，排除了急性血吸虫病流行的可能，消除了群众顾虑。2006年1月间的一天深夜，湖南省安乡县血防部门给省血防所打来紧急救助电话，报告一名晚期血吸虫病人生命垂危。李岳生闻讯后从床上爬起来给附属医院负责人打电话，要求全力抢救。当这位病人从几百公里外被接到省血防所附属医院后，李岳生又亲自到病房观察病人病情，和医务人员一道制定抢救方案。通过采取胃穿孔修补等行之有效的措施，使已经满肚子都是消化液和腹水的病人转危为安。

近年来，李岳生通过申报国际科研合作课题，共从国外争取到账科研经费1 299万元。其中大部分是以他个人名义争取到的款项，而且有些是奖金。但他从不随便花一分钱，把钱全部用在了国际科技合作项目研究与研究生的培养上。

资料来源：唐湘岳：《与血吸虫较量33年的大夫——记归国科学家、湖南省血防所所长李岳生博士》，载《光明日报》，2006-07-06。

根据案例，分析服务群众对个人事业发展和自我价值实现的作用。

案例二

北京公交——微笑服务成品牌

刘俊华，北京市公交新奥客运分公司三队718路售票员。1967年8月出生，汉族，中共党员，大专学历。作为一名普通售票员，刘俊华要求自己把每一件简单的事做好，用体贴入微的服务，让乘客满意。为了使自己的服务上一个新台阶，她将观摩服务法、拜师学艺法、服务比较法、横向交流法、竞赛争先法和发展创新法活学活用到自己的工作中；为掌握沿线地理环境，她和司机一起一站一站地走访，记录沿线单位的地理环境；每逢节假日，她利用自己的休息时间到站台做义务站台服务员；她协助车队管理，亲自上车为司售人员逐一指导实际操作，根据本线路的资源特点，全力推广景点宣传、双语报站、车厢安全提示等工作，提高了售票员实际操作技能。刘俊华是党的十七大代表，曾获全国劳动模范、全国建设系统劳动模范、全国五一劳动奖章、全国城市公共交通先进个人等荣誉。

资料来源：《2008年全国三八红旗手标兵事迹简介》，见中国妇女网www.women.com.cn，2008-02-29。

案例三

希尔顿饭店的“微笑服务”

美国希尔顿饭店创立于1919年，由一家饭店扩大到100多家，遍布世界五大洲的各大城市，成为全球最大规模的饭店之一。希尔顿饭店生意如此之好，与希尔顿总公司的董事长唐纳德·希尔顿的经营理念是分不开的。他非常注意培养员工对顾客的“微笑服务”，追求“宾至如归”的目标。他每天从这个洲飞到那个洲，从这个国家飞到那个国家，就是为了使众多的员工贯彻这个理念。每到一处，希尔顿都会与服务人员接触，而且问得最多的一句话必定是：“你今天对客人微笑了没有?”他强调说：“我请各位记住，希尔顿的礼仪万万不能忘。无论饭店本身遭遇的困难如何，希尔顿饭店服务员脸上的微笑永远属于顾客。”“如果缺少服务员的美好微笑，好比花园里失去了春天的太阳和春风。”正是因为有这种思想，希尔顿的职员以出色的服务，赢得了顾客的信赖。希尔顿实力大增，不断向国外扩张，但这个举动，并非为美国从海外吸收利益，而是“以国际贸易与旅行，促进世界和平”。希尔顿曾经说，每一个希尔顿饭店，都是“美国的代表”，也就是促进国际亲善的使节。“我要为建立饭店王国，尽我所有的能力。致力于国际亲善和世界和平，那是自然而然的事。”

希尔顿饭店的发展，固然有许多的原因，但重视员工职业道德素质，是不可忽视的因素之一。在希尔顿看来，热情对待顾客，奉献的不仅是“微笑”，而是替他人服务的态度。他并非唯利是图，而是有着远大的理想，为了国际亲善和世界和平。透过他的言行，可以看出这是一种为人类奉献的精神，也是他成就事业永不枯竭的源泉。

资料来源：陈瑛主编：《职业道德——国家职业资格培训教程》，266 页。

根据案例二和案例三，说明奉献社会与企业发展之间的关系。

案例四

漫画："化学豆芽"

文/桃源　画/力扬

作为人类四大文明发明者的后裔，中国人的聪明智慧，其来有自。如今世人所热议的中国速度、中国模式、北京共识，便是中国智慧向世人所贡献的当代成果。但是，与此同时，一些用化学制剂所催生的"化学馒头"、"化学鲜笋"、"化学酱油"却成了中国人谈食色变的恶之花。据悉，这一"化学食品"队伍仍在"扩军"。报载，目前市面上，"化学豆芽"已经被"隆重"推出了。

当人类以科学家的身份成长为基因巨人之时，少数不法之徒在道德上却堕落成了伦理侏儒！这些糟蹋科学、亵渎科学的不法之徒若不受重惩，天理难容。

资料来源：桃源、力扬：《"化学豆芽"》，载《瞭望东方周刊》，2005（33）。

根据案例，分析说明在建设社会主义市场经济的过程中，加强服务群众意识的重要作用。

第七章

奉献社会

本章引言

奉献，是指不期望有所回报和酬劳，而愿意为他人、为社会或为真理、为正义贡献出自己的一切，包括宝贵的生命。奉献社会的实质就是全心全意为社会作贡献，为人民谋福祉。奉献社会是职业道德的最高层次、最高要求和最终指向，是为人民服务和集体主义精神的最好体现。

本章学习目标

- 了解奉献社会的含义
- 认识奉献社会的特征
- 深刻理解奉献社会对个人和企业的作用
- 切实把握和贯彻奉献社会的基本要求

第一节　奉献社会的含义及特征

引入案例

奉献社会——一个真诚热情的售票员

“各位乘客，您好！欢迎乘坐我们21路1333号车。您可能来自祖国的大江南北、四面八方，我将用北京人热情、好客的传统，为您提供周到的服务。途中，如果有什么困难、有什么要求，请不要客气，我会热心帮助您。”伴着扩音器里李素丽甜润的声音，汽车启动了。

李素丽根据乘客的不同需求，给他们最需要的服务：老幼病残孕，怕摔怕磕怕碰，李素丽搀上扶下；“上班族”急着按时上班，李素丽尽量让他们上车；外地乘客容易上错车或坐过站，李素丽及时提醒他们；中小学生天性活泼，李素丽提醒他们车上维护公共秩序，车下注意交通安全。李素丽习惯在车厢里穿行售票，车里人多，一挤一身汗，可她说：“辛苦我一个，方便众乘客。”李素丽售票台的抽屉里总是放着一个小棉垫，那是她为抱小孩的乘客准备的，有时车上人多，一时找不到座位，李素丽就拿出小棉垫垫在售票台上，让孩子坐在上面……

“我为我的职业、我的岗位自豪，是它给了我每天都能向他人奉献真情的机会，让我每一天都感到充实。”她在这平凡的岗位上，用自己日复一日的劳动给人们带来真诚的笑脸、热情的话语、周到的服务、细致的关怀。她“岗位作奉献，真情为他人”的精神风貌，给乘客们带来美好的天地，给乘客们留下难忘的印象。

李素丽被人们誉为“盲人的眼睛、病人的护士、乘客的贴心人、老百姓的亲闺女”。

资料来源：《李素丽 真诚热情的售票员》，见人民网 http://www.people.com.cn/GB/33831/33841/2558043.html。

一、奉献社会的含义

奉献是一个崇高的字眼，是人类特有的一种品质。所谓奉献，是指不期望有所回报和酬劳而愿意为他人、为社会或为真理、为正义贡献出自己的一切，包括宝贵生命的情怀和品质。奉献社会，就是全心全意为社会作贡献，为人民谋福祉，是为人民服务和集体主义精神的最高体现。有这种精神境界的人，能够无私地把自己的一切都献给国家、人民和社会。在职业道德的视域中，奉献社会是社会主义职业道德的最高要求和最高境界，也是从业人员所应具备的最高层次职业道德修养。它要求从业者在自己的工作岗位上树立起奉献社会的职业理想和社会责任感，在从业过程中，以他人利益、社会利益为重，通过兢兢业业地工作，全身心地投入，充分发挥主动性、创造性，使自己所付出的劳动能够对国家、民族甚至全人类产生积极的意义，为社会的发展和进步作出自己的贡献。当一个人专注于某项事业时，他关注的是这一事业对于人类、对于社会的意义，他能够为了人类社会的发展而勤奋努力，不计较一己之得失，任劳任怨，甚至不惜献出自己的青春和生命。因此，奉献社会既是一种崇高的精神境界，又是一种基于为人民、为社会、对事业、对工作全身心投入的高尚职业道德表现。它凝聚着中华民族的传统美德，集中体现出职业价值的最高取向，又随着时代的发展而不断呈现出更加丰富的内涵。

人生的价值坐标在哪里？衡量职业价值的天平以什么为砝码？不管处于什么时代、什么地方，这些问题始终引起人们的抚躬自问。对这些问题的思索，表现了人类对于人生意义的深切关注，对于人生价值和职业取向的不断考量。人类在改造自然环境的同时，也在改变着自己，并间接地影响和改变着他人和社会。正是在这种“影响”和“改变”的过程中，人类不可避免地将自我与他人、群体、国家和社会紧密地联系在一起，将个体的自我发展融入整个人类社会发展的无限视野之中。爱因斯坦说：“一个人对社会的价值首先取决于他的感情、思想和行动对增进人类利益有多大作用。”① 可见，人类的奉献精神与社会的发展已经达到了一种不分彼此的程度，人类的奉献意识完全摈弃了外在因素所施加的影响，成为一种符合社会进步要求的自觉行动。人类社会的发展史已反复证明，在历史的坐标系中，任何物质存在都是有时间性的，只有靠思想、行动而体现出来的精神存在才具有跨越时空的意义。那些过分强调个体而藐视群体的言行，不仅不能与世长存，即使在当时，也会为时代所不齿而成为过眼云烟。只有那些高扬道德精神旗帜，为社会积极奉献的良言嘉行，才能够万古流芳。在这里，起决定作用的是社会、民族、人民的需要。以这种需要作为道德价值取向基础的奉献精神，其意义已超越了个人的暂时利益而进入到一种永恒而崇高的境地。它不但不会因时代的变迁而褪色，相反会随着社会的进步而焕发出更富魅力的生机！

历史上，支撑我们这个民族历经风雨、饱尝磨难而不衰的动力就是这伟大而不朽的精神。昭君出塞、文成赴藏、霍去病飞跃关山、岳飞精忠报国、文天祥的丹青心怀、李大钊为理想而献身的精神、张思德全心全意为人民服务的境界、雷锋甘当人民勤务员的觉悟、焦裕禄为兰考人民鞠躬尽瘁的感人事迹、孔繁森向藏族人民奉献爱心的胸怀、时传祥“宁愿一身脏，换来万家净”的忘我精神、邓稼先为研制“两弹”无私奉献的品格、张秉贵“一团火”的热忱、谭千秋在汶川大地震中以身护卫学生生命的壮举，无不是这一精神品质的体现……他们以自己的无私奉献震撼了千万人的心灵，成为遵守职业道德的楷

① 转引自赵中立等：《纪念爱因斯坦译文集》，51页，上海，上海科学技术出版社，1979。

模。他们都是一些平凡而普通的人，同时又是一些伟大而杰出的人。他们在自己平凡的工作岗位上，书写着壮丽的人生，其可歌可泣的事迹为后人所敬仰。他们不仅为人类物质文明进步做出了不可磨灭的贡献，更重要的是他们的精神和人格，为后人留下了无尽的财富。

二、奉献社会的特征

在社会主义现代化建设事业的不同工作岗位上，有无数人贡献小我，奉献社会。我们身边的徐虎、李素丽、宋鱼水等楷模，继续在他们的岗位上体现着追求奉献的民族精神和职业道德。从这些楷模身上我们可以体察到，职业活动的价值指向可以是多方面的：它可以维持个人生存，促进自我发展；可以为家庭的美满和谐提供物质基础；可以给他人带来方便，可以为服务对象带来温暖；可以为国家发展和民族振兴创造条件，为全人类的幸福奉献力量。但是职业活动的价值指向又有层次差别：服务于自我和家庭，体现的是职业活动的最基本价值追求；服务于他人，体现的是职业活动普遍的价值追求；奉献社会则是职业活动的最高价值追求。在职业活动中，追求自我的发展和家庭的幸福无可厚非，但是如果仅限于此，便会妨碍个人眼界的开阔和境界的提升；给他人带来方便和温暖值得褒奖，但止步于此，或许会限制自己潜能和创造力的发挥；为国家、民族甚至整个人类奉献自我是最值得颂扬的，“小我”由此变成了“大我”，个体局限性被打破而转化成国家、民族甚至是整个人类所珍视的财富。正如青年马克思所说的：“如果我们选择了最能为人类福利而劳动的职业，那么，重担就不能把我们压倒，因为这是为大家而献身；那时我们所感到的就不是可怜的、有限的、自私的乐趣，我们的幸福将属于千百万人，我们的事业将默默地、但是永恒发挥作用地存在下去，而面对我们的骨灰，高尚的人们将洒下热泪。”①

① 《马克思恩格斯全集》，中文1版，第40卷，7页。

可见，奉献社会应该是每个公民学习、工作和参与其他社会活动的高尚动机，我们的人生理想和信念也必须通过奉献社会来实现。那么，位于职业道德最高层次的奉献社会精神具有哪些特征呢？

1. 勤勉务实

作为一名从业人员，必须清醒地认识到：奉献社会是职业道德的最高层次要求，但并非是一种高不可攀的境界。勤勉务实地学习文化知识和科学技术，勤勉务实地耕耘于自己的工作岗位，就是奉献社会的落脚点和基本特征。在社会主义条件下，无论分工怎样、职位高低，每个人都有着自己的社会工作岗位；而每个岗位都必然会涉及对社会做出奉献、对他人做出奉献的问题。岗位越重要、影响面越广、职位越高，奉献的要求就越大。脱离了岗位，或是在“非常时期”、危难之际在自己的岗位上玩忽职守，不仅是对社会的犯罪、对他人生命的犯罪，同时也是对职业道德最高层次要求的亵渎。只有立足本职的人，才会在自己的工作岗位上勤勤恳恳，务实高效地不断钻研学习，一丝不苟，精益求精，才有可能为社会、为国家做出崇高而伟大的奉献。

勤勉务实是奉献精神的出发点。勤勉务实是每个人都可以做到的，而且是应该具备的。勤勉务实又是奉献精神的落脚点，因为，任何崇高而伟大的精神皆源自于平凡，没有平凡的日常学习和工作，没有点滴辛劳与付出，就没有崇高而伟大的奉献；没有勤奋学习、务实工作的落脚点，就谈不上对社会、对他人的奉献；没有勤勉务实的精神和实际行动，就会使奉献社会沦为一句空话。

2. 忘我利他

忘我利他是奉献社会的最显著特征。忘我利他中的“利他”，指的是个人的某种实践活动具有能够帮助他人、有利于他人、有益于社会、甚至造福人类的性质。可以说，客观科学地理解“忘我利他”概念，重点是指有利于社会、有利于他人的忘我劳动。奉献本身就是忘我利他。例如牛玉儒同志，他在领导干部的岗位上严于律己，立得正，坐得直，不谋私利，不徇私枉法，不搞歪风邪气。与此同时，他对人民群众饱含热情，时刻把群众的冷暖挂在心头，吃苦在前，享受在后，将自己的为政之道紧紧地与人民联系起来，树立了忘我利他的光辉形象。在社会发展的关键时期，忘我利他的精神往往反映出社会整体的文明程度、精神状况和认识水平；忘我利他的奉献者越多，凝聚力越强，克服困难的力量越大，中华民族伟大的奉献精神体现得就越充分，因此忘我利他是奉献社会的最显著特征之一。

3. 不求索取

综观奉献社会的典型人物和他们的事迹，可以发现奉献社会的另一个重要特征，就是在工作中、在奉献社会的过程中不求索取的精神。试想如果事事讲条件，人人求索取，怎么能够无私奉献社会，怎么能够合众人之力建设中国特色社会主义呢？不求索取是指不计较个人得失，勇于牺牲小我，而不考虑和追求奉献行动能够换来一己之利。奉献就意味着多付出，少索取，而不是等价交换。与人类社会的整体发展相比较，一己之利显得如此渺小，个人的得失与社会发展的进程已经不存在“等价交换”“斤斤计较”的问题。我们发展社会主义市场经济，在经济领域中，要实行等价交换，按劳分配，但决不能把商品交换的原则渗透到精神生活和政治生活中去。奉献社会就是要吃苦在前，享受在后，不计报酬，不讲价钱，勇于牺牲。这一条在孔繁森同志身上得到了充分体现。他为了支援西藏，宁愿离开年迈的老母和多病的妻子；为了抚养两个藏族孤儿，三次卖血换钱；为了接济孤寡老人，他倾囊相助，临终时身上只有八元六角钱。这种不讲条件、不求索取的高尚奉献情操，永远值得我们学习。人的生命是短暂的，但只有在奉献中实现生命的价值，才能展现美丽的人生。广大从业人员应当努力成为在日常学习、工作和生活中不讲条件、不求索取、默默耕耘的人，只有这样才能因为奉献而焕发出更加光彩的青春光华！

第二节　奉献社会的作用

引入案例

奉献之歌

李旭清，男，中共党员，大专学历，共青团山西静乐县委书记。1994年，年仅28岁的李旭清担任了团县委书记。他打心眼里高兴，因为他从上学担任团支部书记起就爱上了共青团这个事业。他带领团干部，从县城开始逐渐向边缘辐射，悄悄地走向基层，走向全县的31个基层组织。他摸思想、找问题，对基层组织一个接一个地整顿，一个接一个地发展，一个接一个地培植扶持。不到一年的工夫，李旭清就将31个基层组织全部建成了有领导、有阵地的青年之家，使全县青年工作走上了正常化的轨道。

随着团县委工作的逐渐深入，在诸多成绩面前，他并没有喜上眉梢、见好就收。他通过抓希望工程来带动整个青少年工作，实施希望工程、救助失学儿童，使众多的“山里娃”回到课堂。实施扶贫接力，不仅为老区人民带来了文化科学技术，也带来了新思路、新观念、新气息，更加激发出静乐人民众志成城，脱贫致富的信心和决心。

所有这一切，都离不开李旭清那颗火热的心，离不开他寒暑奔波忍着关节炎病痛仍勤劳的双腿，更离不开他崇高的思想境界和求真务实、勇于奉献的可贵精神。因为工作出色，他被共青团山西省委评为“优秀共青团干部”，并被授予“新长征突击手”称号，1996年被山西省政府办公厅授予“九年义务教育特别贡献奖”，被山西省劳动竞赛委员会荣记个人三等功。

李旭清在共青团工作岗位上一步一个脚印兑现着自己的诺言："人生的青春是宝贵的，但只有把宝贵的青春奉献于伟大的事业，才能闪耀出灿烂的光辉。"他在耕耘中收获，他的青春在奉献中闪光。

资料来源：中国共产主义青年团中央委员会组织部编：《奉献之歌 全国共青团系统先进工作者风采录》，26～32页，北京，科学出版社，2000。

一、奉献社会对个人的作用

改革开放以来，特别是党的十四大以来，我们党在集中力量建设物质文明的同时，努力推进社会主义精神文明建设，通过大力培养和宣传时代先进人物，各行各业涌现出了一批又一批实践奉献精神的优秀典型，他们的崇高品质，影响和带动了千千万万普通劳动者在平凡的岗位上默默耕耘，无私奉献。实践证明，我们这个时代需要大力弘扬奉献精神，发展社会主义市场经济必须高举奉献的旗帜。但在现实生活中，有一些人却认为，市场经济以效益为核心，讲究等价交换，与助人为乐、无私奉献的精神是相互排斥、水火不容的，讲奉献已经不合时宜。有的甚至提出要以利己主义精神作为推动社会主义市场经济发展的精神动力。对于这种错误的人生价值观，我们必须及时加以澄清。

奉献社会是一种人生境界，是一种融于一生事业中的高尚人格。与爱岗敬业、诚实守信、办事公道、服务群众这四项规范相比较，奉献社会是职业道德中的最高境界，同时也是做人的最高境界。爱岗敬业，诚实守信是对从业人员职业行为的基础要求，是首先应当做到的。做不到这两项要求，就很难做好工作。办事公道，服务群众比前两项要求高了一些，需要有一定的道德修养做基础。奉献社会，则是这五项要求中最高的境界。一个人只要达到一心为社会做奉献的境界，他的工作就必然能做得很好，他的职业理想和人生价值必然能得到实现。

1. 奉献社会是从业人员提高内在素质与体现外在价值的根本方法

从业人员在对社会作出贡献之前所具有的潜在劳动能力或创造力，我们可以称之为个人的内在价值。这种价值包括个人的知识、技能、思想品德以及身体和心理素质等。这些能力和素质在未发挥出来之前，只能是创造社会价值的潜在力量。而从业人员通过劳动和创造对社会和他人作出贡献以后，便体现出了个人的外在价值。外在价值是内在价值的外化，是个人把潜在的创造力发挥出来，转化为现实的创造力，为社会创造物质财富和精神财富，满足他人和社会的需要，并通过社会和他人的评价予以肯定。

内在价值是个人职业理想和人生价值实现的准备状态，而外在价值是个人职业理想和人生价值的实现状态。通过奉献社会，人们实现内在价值的飞跃，使内在价值充分展示和发挥，从而不断转化为外在价值，达到内在价值的最优体现，使自己的外在价值得到证实。在这一过程中，外在价值又反过来检验、丰富、充实、提高个人的内在素质和价值，激励个人不断学习，不断进取，以便更好、更全面地服务社会，奉献他人，以完善和提升自己的外在价值。所以，奉献社会是人们提高内在素质、体现外在价值，并且实现二者良性转化的根本方法。

2. 奉献社会有助于从业人员在社会中开拓新生活

每个从业者如何才能更快更好地融入工作、融入集体、融入社会，成为一个必须加以关注和解决的问题。解决这一问题的关键，就在于是否具有奉献的精神和奉献的行动。个人的社会价值表现为其思想和实践活动对整个社会发展的意义，即对社会发展的促进和对大众需求的满足。这种价值主要体现于个人通过劳动、创新、创造对社会和他人所作的贡献之中。个人社会价值的实现离不开社会，一方面，个人的成就是立足于现存的社会条件而达到的，而现存的条件是古往今来无数人创造社会价值的结果。一个人能否实现其社会价值和实现的程度如何，既取决于他个人的努力，又取决于社会对他的支持。那种孤立的、绝对的自我价值是不存在的。另一方面，个人的成就，也只有在社会中才能呈现其作用和价值。劳动、创造和贡献本身就是人生价值在社会层面的体现，构成人生社会价值的基本标志。社会发展离不开个人努力，但个人更离不开社会，离开了社会，他的生存，特别是他作为人的全面发展就成了无源之水、无本之木，他的社会价值就不能实现，因此，每个从业人员应当着力培养自己的“归属意识”，把自己置于集体之中，以奉献他人和社会的积极心态面对新的生活，通过奉献的行动适时展现自己的才干。也只有这样，才能尽快融入新的工作环境之中，赢得他人的信任和尊重，获得社会的支持，才能够实现其远大的职业理想，升华其社会价值。

3. 奉献社会是从业人员实现人生自我价值的有效途径

人生的自我价值就是人的思想和实践活动对自身需要的满足及其对自身存在与发展的意义。人作为有需要、有理想、有追求的个体，其创造价值的活动总是同自己的需要和欲求相联系，总是对自身有意义的，舍此则无法解释个体进行创造活动的内在动力。人的自我价值一般来讲体现在以下三个方面：首先是个体对自己生命存在的肯定。因为人的生命是没有任何东西可以代替的，所以生命的存在是一切价值产生的基础和前提。其次，人的自我肯定绝不仅仅停留在这一极为狭隘的层面上，而是需要递进到一个更高的层次，即人的自尊、自爱、自强等需要的满足。人人都需要社会和他人的尊重，从而使自己活得有价值、有用处。再次，人的自我价值的最高表现是自我完善和自我实现，这是人超越现实的理想力量的充分体现。一个人如果只停留在以往的水平上，就会觉得生活没有色彩，缺乏意义，只有在不断的创造活动中，在不断超越自我意识，奉献社会和他人的过程中，才能真正感觉到自己生命存在的意义，才能更多地感受到尊严和幸福。因此，个人通过不断奉献，服务社会，服务他人，能够得到更多社会和大众对其自我价值追求的尊重，获得他人和社会对个人合法权益的维护，从而拥有更多实现自我价值所必需的社会保障。正如歌德在其《格言诗》中所说："你若要喜爱你自己的价值，你就得给世界创造价值。"所以，奉献社会是个人实现人生自我价值的有效途径。

4. 奉献社会是从业人员获得物质生活条件和提升精神层次的重要方式

人生的物质价值是指人的实践活动在物质层面的有用性。人生的精神价值是指人的精神性劳动及其产出所具有的满足社会、他人和自身精神需要的有用性。物质价值和精神价值是统一的，二者互为条件、互为目的、相互依赖、相互促进。物质价值是创造精神价值的基础，为精神价值的创造提供了物质条件和实践经验；而精神财富为物质价值的实现提供了强大的推动力和正确的方向。一个真正有价值的人应该是物质价值和精神价值相统一的载体，而奉献社会则是实现二者统一的桥梁。个人在奉献社会的过程中，一方面获得了物质生活之所需，另一方面通过奉献社会的方式提升了自己的精神层次，改造了自己的精神世界，在物质价值创造和获得过程中产生和获得符合自己精神需要的新思想、新知识以及新的、高尚的道德观念，这无疑会促进精神价值的发展。因此，奉献社会是个人实现人生物质价值与精神价值的桥梁，也是个人获得物质生活条件和提升精神层次的重要方式。

5. 奉献社会能够有效提升人生的现有价值和实现应有价值

从人的发展和完善看，"实际是什么"和"应当是什么"是相互联系的。现有价值是人生现实存在的价值，是已经实现了的自我价值、社会价值、物质价值和精神价值，是已经得到认可的人生价值。应有价值是人生价值理想和目标所要求的应该具有的价值，是人对实现自我价值和社会价值的一种理想设计，是应该有但还没有变成现实的人生价值。

一个人总是"是什么"和"应当是什么"的统一，是现有价值和应有价值的统一。一个人的现有价值是由他的历史和现状规定的，是已经体现出来的价值。通过奉献社会，个人不仅能够更加清醒地注意到自己的“现在”是什么样，而且可以认识到自己现有价值与应有价值之间的差距，使自己更加关注应该成为什么样的人，从而自觉冲破现行限定，积极进取，向更高目标迈进，实现“超越自我”，达到应有价值的目标。因此，通过奉献社会这一有效方式，人生现有价值和应有价值便能够实现高度统一。

综上所述，奉献社会是从业人员实现人生价值的必由道路，也是检验我们人生价值的终极标准。一个人奉献越多，实现其远大职业理想的几率就越高，其人生价值也就越大。可以说，无论在何种社会、何种历史条件下，一个人要提升自己的人生价值，证实自己人生价值的存在，检验自己人生价值的大小，除了面向社会、面向人类付出劳动、做出奉献外，别无他路。

二、奉献社会对企业的作用

在社会主义市场经济条件下，企业要想持续、健康发展，做大做强，就必须拥有奉献社会的精神。

1. 奉献社会的责任是企业安身立命之本

市场经济条件下，利益驱动是经济的最高原则，不承认利益原则就不了解市场经济的本质。但是，企业应当清醒地认识到，经济的最高原则不是社会的最高原则，社会的全部内容要比市场经济丰富得多。从整个社会构成的角度看，社会的最高原则是“全面发展”，即社会的发展是以经济最高原则（经济利益驱动原则）为基础，以社会最高原则（奉献）为精神境界的。如果没有经济利益驱动原则，社会就无法进行物质生产，也就无法从根本上保证社会的进步；而如果没有对奉献精神这一最高社会精神境界的追求，人类社会也就从本质上等同于低等动物世界。

在社会主义市场经济条件下，企业作为独立的经济法人实体，不能不追求利润的最大化，否则，企业无法生存下去。而我国所要建立的市场经济体制，是与社会主义的基本制度结合在一起的。最基本的经济关系仍然是社会主义公有制的关系，这是一切关系中最深层、最基础、最具有决定性的关系。我们的道德生活，是以这个最基本的经济关系为基础，并受制于和反映这个最基本经济关系的。不可否认，在社会主义市场经济条件下，企业也是社会利益关系的主体之一，企业的正当利益应当受到尊重和保护。但社会主义条件下的企业，也是一个伦理实体，必须履行奉献社会的道德责任，因为企业的生存和发展与社会密不可分。企业是社会需要的产物，任何企业都是应社会需要而产生的。每一个企业都不是与社会、市场绝缘的独个单位，在社会生活中既是服务单位，又是被服务单位；既是奉献者，又是索取者。企业的生存一天也离不开社会，社会就是企业的脐带。从事企业活动的人，应当清醒地认识到，是社会在先，社会利益优先于企业利益。企业在追求自身利益的同时，必须注重社会利益，对社会负责，否则，企业将丧失所有的生产、服务和销售条件，从而丧失生存之基。因此，企业利益的实现，必须始终贯注社会利益原则和社会主义价值导向，倡导对国家、人民的奉献精神，使之向着有利于社会整体利益的方向发展。也只有这样，企业才能够获得更多的外部动力和社会支持，确保企业在市场经济的大潮下屹立不倒。

2. 奉献社会精神能够增强企业魅力，使企业获得长久发展

“一个人没有文化不行，一个企业没有文化更不行，作为一家民营企业，从创办那天起，我们就以光彩事业作为企业的追求，作为企业的文化理念。”这就是河北亨豪企业集团有限公司董事长芦新菊对企业文化的理解。1994 年，该企业在目睹了贵州老区群众“食不果腹、衣不避寒、居不避雨”的生活现状后，下决心把精力投入到贵州的扶贫开发上。之后他们先后投入了 700 多万元，为当地办砖厂、修路、建学校等。在他们的帮助下，很多乡亲实现了脱贫致富。得知河北省还有 40 个国家级贫困县，芦新菊又决定要为家乡脱贫致富做一些实事，她投资上千万元，开发沙化严重的河北省张家湾，经过多年奋战，终于将张家湾围场变为一个防护、水域、农田各生态系统相互统一，农业、林业、牧业、种植业、养殖

业、加工业各产业协调发展，环境优美的新兴村庄，并直接带动了2 500多人实现脱贫致富。从1981年办厂到1993年正式成立集团，公司已经发展成为拥有纺织、医疗、医药、化工、橡胶、矿产、土地开发等项目的大型企业。芦新菊说，民营企业只要有崇高的文化理念，只要有奉献社会的远大理想，就会有一股奋发向上的凝聚力和创造力，就会大有作为。这种崇高品质生动地证明，在社会主义市场经济条件下，发展企业与弘扬奉献精神是并行不悖的。现代社会对企业提出了更高的标准和要求，现在的消费者在选择企业提供的产品和服务时，不仅考虑产品或服务的性价比，而且还会考虑企业在社会责任方面所采取的态度。在21世纪，拥有奉献社会的精神和战略的企业将会比那些不重视社会责任的企业更为成功，许多有远见的企业家已经意识到这一点。从长期来看，奉献社会的行动和企业盈利有着密不可分的联系。企业奉献社会的价值越大，就越可以为它树立良好的企业形象，增强企业魅力，扩大企业的知名度，进而成为企业发展的无形资产，使企业获得更大的市场、更多的利润；反之，如果一个企业一味追求利润最大化，不择手段地获取利益，其结果适得其反。一句话，企业对社会履行奉献责任，可以给企业带来无法估量的社会效益；这种效益又可以给企业带来新的发展机会，带来更好的发展条件，带来更多的利益。正是从这个意义上说，以奉献社会为核心的高尚精神应该成为社会主义市场经济的基本精神，以奉献社会为核心的企业文化应该成为企业增强自身魅力、获得持续健康发展所必须倚重的高尚精神。

3. 奉献社会是现代企业的更高追求

市场经济属于经济活动范畴，市场经济运行机制的实质是优胜劣汰，而判定所谓“优劣”的标准是经济效益。无私奉献精神属于道德活动范畴。在这个领域里，推动企业行为的力量不是物质利益，而是渴望高尚、追求高尚的精神力量。无私奉献精神是从精神动力的高度促进着企业的运行，并使之朝着追求道德理想的方向发展。企业作为经济实体和利益实体的同时，也是一个伦理实体。企业的社会责任，是通过一定的伦理精神体现出来的，这种伦理精神体现在企业与其生存所需的所有成员的关系上，尤其是与社会公众的关系，这种精神就是奉献。奉献社会的作用不仅表现在将企业追求经济利益的行为限制在遵守市场规则，尊重法律法纪的常规范围内，也表现在企业处理与社会的利益关系时追求高尚的企业道德实现。所以，无论是正常的市场行为，还是无私奉献的精神，都不仅是社会生活的内在要求，而且是作为市场主体之一的企业完善自我价值的内在需要。企业与社会和公众的关系是企业长久生存的基本前提，也是社会主义市场经济对企业的更高要求。奉献责任所体现的不仅是企业长久生存的问题，更重要的是体现了企业作为一个实体的人格问题，也就是企业的一种道德人格力量，它直接关系到企业的道德形象与社会的道德风气。因此，企业以奉献为道德责任，不仅体现了伦理的严肃性与崇高性，而且展现了企业的生命力，成为现代企业的更高追求。

总之，现代企业存在的意义和发展的途径在于能否为社会作出贡献。在社会主义市场经济条件下，企业应承担奉献社会的责任，只有这样企业才能立于不败之地，才能持续健康发展。

第三节　奉献社会的基本要求

引入案例

四川江油公安局民警蒋晓娟：我给灾区孩子当妈妈

大地震发生时，距离汶川一百多公里的江油，也发生了强烈震动，大批房屋成了危房，全市陷入一片混乱。情况紧急，我们公安局马上成立救灾指挥部，全局民警迅速出动抢救群众、维护治安秩序。

我的任务是治安巡逻。街道上瓦砾遍地，人们惊慌失措，悲惨的景象让人震惊，让人心痛！看到这种场面，我更加牵挂亲人的安危。我试着往家里拨了几次电话，可怎么也打不通。由于灾情严重，从地震第二天开始，我们江油在积极开展自救的同时，先后接纳了近万名从北川等重灾区转移过来的受灾群众。我们的任务更重了。为了让我和丈夫全身心地投入工作，我的公婆把孩子带回了乡下。

当时我们收到的捐助物品很多，有衣服、食品、帐篷，但是婴儿奶粉不够。婴儿这个特殊的群体，其实更需要人们的关爱。这些还在襁褓中的小孩，有的是母亲受了伤，有的是母亲受到惊吓没了奶水，而在安置点能够提供的食物中，除了一点米汤和水，他们没有什么可吃的。这些嗷嗷待哺的婴儿因为长时间没奶吃，饿得直哭。他们的亲人没有一点办法，急得团团转。

作为母亲，我觉得这些孩子太可怜了。正好我还在哺乳期，就让我来给他们喂奶吧！

此后，我每天都利用工作间隙去给这些小婴儿喂奶，前前后后一共给 9 个小孩喂过奶，他们最大的 6 个多月，最小的才 2 个月。其实，每次喂奶时，我都会情不自禁地想起自己的孩子，想到自己有奶却不能给儿子吃，我心里很不是滋味。

后来，我给乡下的公婆打电话时，从电话里听到了儿子的哭声。婆婆告诉我，儿子吃惯了母乳，根本就不吃奶粉，整天不停地哭，几天下来，孩子都瘦了。那一刻，我心疼极了！

终于，当我有机会回乡下看儿子时，他却不认识我了！连我想抱他，他都转过头去，不理我。我哄了他很久，他才笑起来。当我给他喂奶时，我恨不得将满腔的爱化成乳汁，把他喂得饱饱的，仿佛这样才能弥补我对他的亏欠。很快，归队的时间到了，儿子已经在我怀里睡着了，我轻轻地摸了摸他的小脸，泪水却怎么也忍不住流了下来。

孩子呀，妈妈真想把你带在身边，真想天天给你喂奶！可是妈妈还有工作。在灾难面前，还有许多人需要帮助，还有许多孩子需要照顾！你要知道，妈妈是最爱你的，但此时此刻，那些失去了妈妈的孩子们，也在等着妈妈的爱呀！

我始终觉得，我做的只是一件平凡的小事。作为一名警察，我只是做了我应该做的事情；作为一名女性，我只是做了我能够做的事情；作为一名母亲，我只是做了全天下母亲都会做的事情！

资料来源：人民网，2008-06-19。

当今中国正处于蓬勃发展的时代，是一个需要人才、造就人才的时代。这个时代，为每一个从业人员提供了展示个人才能、实现职业理想的宽阔舞台。天高任鸟飞，海阔凭鱼跃，有志向、有抱负、有才干的人只有不断加强职业道德修养，不断奉献社会，才能在未来的职业生活中抓住机遇，实现成功。进一步弘扬和落实奉献精神，必须明确奉献社会的基本要求。

一、正确认识奉献与求利的相融性

在社会主义市场经济条件下，正确认识和处理奉献与求利之间的关系是奉献社会的基本要求之一。所谓奉献，是指个人为社会做出贡献，促进社会利益增多；所谓求利，是指个人向社会提出补偿性或回报性要求，也就是向社会索取。求利有整体求利与个体求利之分。奉献与求利，看似是一对相互排斥、彼此矛盾的概念，其实二者具有相融性，那就是无私奉献精神要同人们的正当利益追求相结合。一方面，劳动者为社会做出了贡献，社会应该给劳动者以相应的补偿和报酬；另一方面，奉献是求利的前提，人们所求之利来自人们对社会的奉献。此外，求整体之利，特别是求国家、民族、社会、人民群众之利益，同奉献也具有极大的相融性，因为竭力为最广大人民群众求利本身就是无私奉献精神的一种体现。

今天，历史的车轮已经驶入市场经济的快车道，市场经济关系本质上是一种利益关系，市场经济活动的实质是以实现利益为转移的竞争，它所伴生同行的利益观，必将在人们处理利益关系时发挥向导作用和调节作用。在社会主义市场经济条件下，讲无私奉献精神，必须和利益追求结合起来，应当在求利的过程中发扬无私奉献精神。而个人求利首先应当以奉献为前提条件，把个人的利益融合在国家和人民的整体利益之中，勇于为人民的利益和社会的利益牺牲个人利益。只有这样，才能正确处理国家、集体和个人三者之间的利益关系，防止极端个人主义、利己主义倾向，从而形成自觉奉献、健康追求的高尚情操。也只有自觉服务祖国，无私奉献社会，在服务中做出应有贡献的人，才能在奉献中实现自身价值，将有限的生命化为无限和永生。

二、奉献社会需要充足的知识才学和科学技能

奉献社会需要科学技术和文化知识，这一要求对于每个从业人员来说具有极为重要的现实意义。一个人只有通过自身素质的全面提高，掌握在市场经济大潮中为人民建功立业的真实本领，并付出了辛勤有效的劳动之后，才具有奉献社会的资格。只有加强自身学习，不断地汲取知识，不断地充电，才能成为一个对社会真正有用的人，才能切实有效地服务社会、奉献社会。现代社会是科技时代，是信息时代，学习已成为社会发展和个人发展的第一要素，应当尽快转变思想，树立终身学习的观念，把加强学习作为一种责任、一种追求、一种境界。同时必须创新学习方法，形成学习制度，必须将学习与做好本职工作，与服务人民、奉献社会紧密结合起来，通过学习指导实践，切实对社会作出更大贡献。主要应抓好以下三方面的学习：一是要认真学习马克思主义基本理论和党的路线方针政策，不断深化对社会主义建设规律、对人类社会发展规律和服务社会奉献社会规律的认识。特别要认真学习中国特色社会主义理论体系，始终把人民群众的根本利益放在首位，把奉献精神与全心全心地为人民群众服务的实际行动有机结合起来。二是要不断提高科学文化素质，学习一切反映当代世界经济社会发展的新知识、新经验，

通过学习人文社会科学和自然社会科学知识，运用科学技术，拥有一技之长，掌握为人民服务的本领，提高解决实际问题、做好本职工作的能力和服务社会的能力。三是向先进人物学习，通过仔细对比，领悟先进人物到底先进在哪里，我们的不足又在哪里，取人之长，补己之短，以此切实提高自己的思想觉悟和奉献社会的能力。

三、正确处理好奉献社会与吃苦耐劳的关系

实践充分证明，不怕艰难困苦、勇于吃苦耐劳、勇于奉献的人，才能始终保持旺盛的斗志、充足的干劲；相反，凡是贪图安逸、追求享受的人，必然精神不振、斗志衰退。因此，广大从业人员应当而且必须有意识地培养自己吃苦耐劳、艰苦奋斗的意志和品格。首先，思想要刻苦，就是要加强学习，动脑子想问题，不能当一天和尚撞一天钟，要在学习的过程中有“学海无涯苦作舟”的信念，耐住寂寞，勇于探索；要在熟练掌握文化知识和专业技术上想点子，想办法；在完成各项任务上想点子，想办法；在深入社会、服务社会、奉献社会上想点子，想办法。其次，工作要艰苦，就是要安心本职工作，勇于在条件差问题多的地方和单位锻炼自己，勇于迎难而上，不打退堂鼓。要勇于做艰苦细致的工作，勇于盯着问题做工作，勇于做难点、重点的工作，要有不解决问题不撒手、不抓好工作不罢休的精神，把奉献之责尽到底，把工作任务做到家。再次，作风要扎实，就是要扑下身子、放下架子，一步一个脚印地抓好自己各项学习和工作任务的落实，扎扎实实奉献社会。

四、奉献社会不仅要有明确的信念，更要有崇高的行动

奉献社会应当在思想上高起点高要求，从行动上、从细微处入手。奉献精神不是喊出来的，要通过具体扎实的行动来体现。奉献就要实干，就要把语言和行动、认识和实践统一起来。孔繁森同志的奉献精神，就体现在他为了西藏人民的幸福，不计得失，不怕艰险，哪里有困难有问题，就到哪里去工作。他在最艰苦的阿里地区

任职期间，为了探索阿里发展的道路，他不畏高寒缺氧，不顾伤病缠身，爬山涉谷，深入调查研究，制定发展规划，千方百计把经济建设搞上去。他的事迹告诉我们，奉献社会并不抽象，也不是可望而不可即，只要埋头苦干，坚持不懈，一定会有所作为，有所贡献。在市场经济条件下讲无私奉献，在很大程度上必须与个人的实际情况结合起来。努力学好文化知识和专业技能，以此服务他人和社会是奉献；做好本职工作，为国家、为社会建功立业是奉献；勇敢地奋战在艰苦的第一线，主动关心社会问题，关心他人的疾苦，帮助群众解决实际问题是奉献；工商企业中的管理者和劳动者，为企业的生存、发展、盈利贡献力量，使企业经营在满足人民群众生活需要的前提下实现盈利，同时得到社会和企业的回报，这也是奉献。可以说，凡是有益于社会和人民的事情，能够减轻人民负担、增加社会利益的事情，就应当尽力去做；凡是有损于社会和人民，给社会和人民带来损害的事情，就应当避免和反对。

总之，每一个从业人员都应当坚定信念，以高尚的思想道德要求来鞭策自己，更要脚踏实地地为全面建设小康社会而努力奋斗，切实地把奉献社会的精神和具体行动结合起来，以积极的姿态，用高水平的奉献来回报社会。

本章小结

本章主要阐释社会主义职业道德基本规范之一——奉献社会，主要内容包括以下几部分：

1. 奉献社会是社会主义职业道德的最高要求和最高境界，也是从业人员应具备的最高层次的职业道德修养。它要求从业者在自己的工作岗位上树立起奉献社会的职业理想和奉献社会的责任感，在从业过程中，以他人利益、社会利益为重，通过兢兢业业地工作，全身心地投入，充分发挥主动性、创造性，使自己所付出的劳动能够对于国家、民族甚至整个人类产生积极的意义，为社会的发展和进步作出自己的贡献。

2. 奉献社会具有以下三个方面的特征：勤勉务实，忘我利他，不求索取。

3. 奉献社会对个人和企业的作用。就个人而言，奉献社会是充实内在素质与体现外在价值的根本方法；有助于在社会中开拓新生活；是实现人生自我价值的有效途径；是个人获得物质生活条件和提升精神层次的重要方式；能够有效提升人生的现有价值和实现应有价值。就企业而言，奉献社会能够增强一个企业的魅力，给企业带来无法估量的社会效益，是企业安身立命和持续健康发展的保证，也是现代企业的更高追求。

4. 奉献社会的基本要求。一是正确认识奉献与求利的相融性。二是需要具备充足的知识才学和科学技能。三是要正确处理好奉献社会与吃苦耐劳的关系。四是不仅要有明确的信念，更要有崇高的行动。

思考题

案例一

奉献社会的楷模——乡邮员王顺友

王顺友，一名普通的乡邮员，一名普通的共产党员。他在20年的乡邮员生涯中演绎着绚烂的人生。他的事迹从四川省木里藏族自治县大山里传遍祖国大地。他的先进事迹感人肺腑，令人振奋，催人奋进。

人迹罕至的大山，陡峭崎岖的邮路，乡民热盼的邮件。20年来，王顺友日复一日，年复一年，跋山涉水，往返在大凉山的这条邮路上，把邮件投递到千家万户，无怨无悔地履行着神圣的职责。王顺友月平均投递报纸700份，杂志28份，信函45封，印刷品25件，包裹5件，在雪域高原的送邮总行程达26万公里，从没延误过一期邮班，丢失过一件邮件。20年来王顺友的邮递生涯，是一首爱岗敬业忠于职守的颂歌。爱岗敬业，在王顺友身上重若千钧，字字无价，铿锵激越。他对岗位的爱，像大凉山一样深沉；他对事业的敬，像马班邮路一样质朴。他以深沉和质朴，干一行，爱一行，钻一行，精一行，把生命中壮丽的青春无私无求无怨无悔地奉献于邮政事业，在平凡中铸造着不平凡，在普通中彰显着崇高，让我们感受着来自平凡的震撼，感受着激励中的感动。他是爱岗敬业的楷模。在他的身上，体现着职责的神圣，操守的高贵，无私的伟大，体现着共产党员先进性的光辉。

王顺友的模范行为和崇高精神是中华民族传统美德和时代精神的完美结合，是人民邮政为人民和全心全意为人民服务宗旨的完美体现。这一切告诉我们：爱岗敬业是从业人员永恒的优秀品质，任凭沧海桑田，斗转星移，永远不会磨灭，永远不会尘封，依然熠熠生辉。

平凡的震撼，朴素的忠诚。大象无形，大音稀声，大方无隅。王顺友是时代的先锋，是爱岗敬业、奉献社会的楷模，他的风范令人肃然起敬。

资料来源：梁小立：《爱岗敬业的楷模》，见雷锋精神在线网站www.lfjszx.com。

1. 根据案例，理解奉献社会的内涵和特征。
2. 根据案例，说明奉献社会与个人人生价值之间的关系。

案例二

孔繁森式的好干部

在西藏自治区人民检察院，记者听到“孔繁森式的好干部”倪惠康婚前“约法三章”的事。

1992年，倪惠康结婚前，向妻子提出“约法三章”：我不内调，我要履行“扎根西藏”的诺言；我工作忙，难以顾家，家里的事就全靠你了；我欠债多，无法给家里多少钱，你要耐得住清苦。

倪惠康是怀着扎根边疆的心愿来到西藏的。1975 年 5 月，24 岁的倪惠康离开家乡江苏南通，携带着部队赠送的电影放映机和家乡人民赠送的手扶拖拉机，踏上了高原征程，到隆子县列麦乡这一遥远、荒凉的藏乡安下家来。

白天，倪惠康和乡亲们一起抬石头、筑堤坝，向乡亲们传授农机使用和修配技术；夜晚，他为乡亲们放电影，办文化夜校。祖祖辈辈没有出过大山的 13 户珞巴族乡亲终于看上了电影。1981 年，组织上调倪惠康到自治区人民检察院工作后，他在检察院的陋室，成了列麦人的中转站。藏族老人才旦患病到拉萨求医，倪惠康腾出自己的住房给老人住，还为老人支付医药费。

1993 年 4 月，荣获“全国检察系统先进工作者”称号的倪惠康离开拉萨，担任阿里地区人民检察院检察长。阿里，“世界屋脊”上的屋脊，自然条件极为恶劣。然而，对于倪惠康来说，再恶劣的环境也难不倒他。为了处理一件大案时方便联络和指挥，他在滴水成冰的办公室里度过了 104 个夜晚；为了方便同志们下基层办案，他用上级部门配给的一辆新车换了两辆旧车；为了改善干警的生活条件，他四处奔走，想方设法为检察院盖了两排新平房，而自己却住进了 15 平方米的旧土坯房里……

资料来源：宣宇才、张忠：《集体的孔繁森——“世界屋脊”上的奉献者之歌》，载《人民日报》，1996-08-10。

这篇通讯反映的是战斗在“世界屋脊”上的奉献者的精神风貌。几十年来，数以万计的进藏干部群众和解放军、武警官兵，在极其艰苦的条件下默默耕耘，无悔无怨。他们以常人之躯承受着超常的生存条件，以常人之情承受着超常的情感境遇，把自己的青春和生命奉献给了青藏高原，创下了光辉的业绩。他们身上广泛体现了孔繁森同志所具有的那种优秀品质，他们是“集体的孔繁森”，他们用自己的实际行动谱写出一首“世界屋脊”上的奉献者之歌。

1. 根据案例，谈一谈读后感想。
2. 根据案例，说明奉献社会的意义。

职·业·道·德

第八章

加强职业道德修养

本章引言

职业道德修养，就是职业人在道德意识和道德行为方面的自我锻炼以及自我改造中所形成的职业道德品质和达到的职业道德境界。任何一名从业人员职业道德素质的提高，一方面靠他律，即社会的培养和学校的教育；另一方面就取决于自己的主观努力，即自我修养。这两个方面缺一不可，而后者则更为重要。

本章学习目标

- 理解职业道德修养及其实质
- 把握职业道德修养的基本途径
- 确立正确的择业观与创业观

第一节　职业道德修养的含义

引入案例

加强职业道德修养，焕发事业光辉的医师曾吾德

曾吾德，江西省吉安市中心人民医院呼吸内科副主任医师。很多次，病人见到曾吾德就犯嘀咕，怎么找个这样的医生来，个子不高，而且一条腿还明显有残疾。然而，病人与曾吾德接触不久后就喜欢上他了，因为他医术好、有耐心，对病人态度好。

参加工作16年来，曾吾德为了提高医术虚心请教、刻苦钻研。阅读胸片是呼吸专业医师至关重要的第一课，为提高诊断率，不管工作再忙再累，只要一有空，他就往放射科、CT室跑，向专业人士学习阅片技能，提高阅片水平。

越来越多的人知道曾吾德医术好、对病人好。一些病人一入院，就直接点名要曾吾德主管。行医16年，曾吾德没有和病人发生过一次争吵，没有受到一次投诉。曾吾德从没有接受过病人的红包。他说："我不知道拒绝了多少次，我总觉得拿了别人的钱，就比别人矮一截，我不想这样。"一位患者家属告诉记者，曾吾德把她奄奄一息的丈夫救活了，为了感谢他，多次送钱给他，可是他总说"我没有拿人钱的习惯"。

曾吾德凭借精湛的医术和廉洁行医的品德，受到了患者的肯定。今年，他成为江西省卫生系统唯一的全国"五一劳动奖章"获得者。同志们谈起曾吾德时说，他也没做什么惊天动地的事，但有一点，只要病人有需要，曾吾德就努力去做。的确，作为一名医生，曾吾德常挂在嘴边的一句话就是："病人需求的，就是

我们要做的。”

资料来源：李美娟：《曾吾德：“病人需求的，就是我们要做的”》，见人民网 http://politics.people.com.cn/GB/1026/4486369.html。

加强职业道德修养既是社会主义市场经济对每一个从业人员提出的基本要求，也是我们追求自身素质全面提高的一个努力方向。作为社会各条战线、各个工作岗位的劳动者，我们应当而且必须在勤奋学习专业知识、熟练掌握专业技能的同时，着力加强自身的职业道德修养，使自己成为一个职业素质全面的社会主义劳动者。

一、职业道德修养的含义

“修养”是一个合成词，所谓“修”，即整治、提高、改正使之完善之意；“养”，即陶冶、培育、调理以使之形成之意。“修养”最早是由宋代的程颐将“修身”与“养性”合起来提出的。关于“修养”的含义，《辞源》解释为“学问上精密之工夫也。修以求其粹美，养以期其充足。修犹切磋琢磨，养犹涵育熏陶也。”这是侧重从动态的角度解释“修养”，强调个人发挥主观能动性以改造自身主观世界的动态过程。《现代汉语词典》中关于“修养”有两种解释：一是指“理论、知识、艺术、思想等方面的一定水平”；二是指“养成的正确的待人处事的态度”。[①] 这是侧重从静态角度解释“修养”，强调个人通过较长时期的自觉学习和参与实践锻炼，在政治、思想、道德、学术以及技艺等方面所达到的一种能力和思想品质。可见，“修养”一词的含义非常广泛，可以分别从动态和静态的角度去把握，它突出了人主观能动性的发挥，是主体自觉进行的旨在为提高自身某方面素质和能力的活动及其达到的水平。

道德修养是修养的内容之一，它是指社会成员为了培养优良的

① 参见《现代汉语词典》，第5版，1533页，北京，商务印书馆，2005。

道德品质而进行的自我锻炼、自我改造、自我陶冶、自我教育的过程及其形成的道德素养和所达到的道德境界。道德修养是道德品质形成和道德人格塑造的重要途径。道德修养的实质就是要解决一定社会道德要求与个人当前道德素养之间存在的矛盾。社会总是从整体或某阶级的利益出发提出道德要求，以调节人与人之间的关系，维护社会的稳定。个人在客观条件的影响下，总是从本阶级或阶层自身的利益和需要出发进行道德选择，所形成的道德品质难免会同社会的道德要求存在差距或不一致，这就形成了一对矛盾。提高道德修养实际上就是个人通过自身道德素养与社会道德要求的比对，发现差距，找到不足，并通过自觉的修养提高道德选择能力，努力缩小差距、弥补不足，提高道德品质、提升道德境界以解决矛盾的过程。在社会主义社会里，这一矛盾同样存在。由于所处的客观环境、所具备的素质、具体的利益和要求等方面存在差异，个人所具备的道德选择能力和道德素养也会同社会的道德要求有不一致之处。这就为进行道德修养提出了要求，提供了可能。因此，在社会主义社会，道德修养是道德实践活动的重要形式之一，是提高自我道德素养，铸造理想道德人格，培养优秀道德品质的必由之路。

职业道德修养是道德修养的重要组成部分，提高职业道德修养是指个人在自我认识的基础上，在长期的理论学习和实践活动中进行自我锻炼、自我评价、自我教育、自我改造和自我完善，以提高自身职业思想意识、职业道德品质、职业素质等的活动过程及其结果。对于职业道德修养的含义也应该从两个角度去把握：一是从动态角度，它是指按照一定社会职业道德原则和规范的要求，个人所进行的学习、体验、自查、反省等心理活动和职业实践活动；二是从静态角度，它是指个人业已达到的职业道德境界，即个人经过长期的学习和实践所形成的较稳定的职业道德品质、情操和行为习惯。简而言之，职业道德修养的培养就是个人通过自觉学习和亲身参与职业实践体验，把外在的职业道德规范和要求转化为自身内在的道德信念和准则，并在工作中形成良好职业行为习惯的过程，以及在此过程中养成的职业道德品质和达到的职业道德境界。

职业道德修养同职业道德教育有着根本性区别。职业道德教育是“他律”活动，依靠的是教育客体之外的力量，主要是以社会培养和组织教育的形式出现；职业道德修养是一种自律行为，依靠的是修养者的自觉性、主动性，是修养者自身主导下进行的活动，充分体现了人的主观能动性。唯物辩证法指出，事物的发展是内因与外因共同作用的结果，内因是事物发展的根据，外因是事物发展必不可少的条件，外因要通过内因发生作用。职业道德教育作为外在力量能否发生作用、教育效果的大小最终都取决于教育客体，取决于人本身。这样，职业道德教育同职业道德修养之间就存在相互制约、相互促进的关系。职业道德修养越高，就越容易接受教育，教育效果也就越明显；反之，效果便大打折扣。因此，职业道德修养是职业道德建设的重要环节，对个人职业道德素养的提高、职场竞争力的增强起到关键性的作用。

二、职业道德修养的内容

职业道德修养的内容是一个逐渐发展的过程，它遵循人类的认识与实践产生、发展的客观规律，逐渐丰富和完善。当代职业道德修养的主要内容是培养职业道德认识，培养职业道德情感，磨炼职业道德意志，树立职业道德信念，养成职业道德行为。

1. 培养职业道德认识

认识是情感产生的依据，是进行职业道德意志锻炼的内在动力，是决定行为取向的思想基础和行动先导，所以，培养正确的职业道德认识是从业人员培养职业道德修养的首要内容。所谓职业道德认识，就是从业人员对其职业道德规范及其实践意义的认识。具体地说就是：学习职业道德知识和职业道德文化，掌握职业道德的知识体系，明确应当践行哪些职业道德规范；清楚这些规范在职业实践活动中有怎样的具体要求；明确这些要求和规范对于履行职业责任和义务、促进社会进步有什么重要性和现实意义。可见，树立正确的职业道德认识是职业道德修养的根本条件和最初阶段。在培养职业道德认识的过程中需要注意两点：一是在培养过程中，要将职业道德原则和规范转化为各个行业具体的道德要求。总体上说，由于职业的差异，职业道德的原则和规范都不可能具体详尽，只能规定总体方向，无法预见到具体职业中的各种复杂情况，也无法为各种情境预先确定道德行为方案。但从业人员的职业行为实际上是具体的，在一些突发性的偶然事件上尤其如此。这就要求从业人员在学习职业道德知识的时候，将职业道德的原则、规范细化为细节性操作要求。二是在修养过程中，从业人员要以提高自身的道德判断能力为重点。所谓职业道德判断能力，即对自己或其他从业人员已经或即将发生的言行进行是非、善恶判断的能力。职业道德的原则和规范不是死记硬背、脱离实际的教条，而是要求从业人员在全面、准确把握的基础上，深入理解，并将它内化为一种判断尺度和判断能力，能够正确地对复杂的职业行为进行是非、善恶、美丑的判断。在某种意义上说，这才是培养职业道德认识的深层目标。

2. 培养职业道德情感

所谓职业道德情感，是指从业人员基于一定的职业道德认识，对职业实践活动中的各种职业道德关系和道德行为进行判断和评价时所产生的各种情绪体验。所谓情绪体验主要包括从业人员对其所从事的职业、对象、道德等在内心产生的爱憎、好恶、荣辱、美丑等心理感受。职业道德情感主要体现为职业责任感、职业义务感、职业良心感、职业荣誉感和职业幸福感等，它是进行职业行为的内在动力，也是进行自觉职业道德修养的内在动力。正如列宁所说："没有'人的感情'，就从来没有也不可能有人对于真理的追求。"① 没有职业道德情感的培养，就不可能培养出坚定的职业道德意志和职业道德信念，也就不可能形成良好的职业道德行为。职业道德情感培养的前提是从业人员对所从事职业价值的正确认识。追求个人

① 《列宁全集》，中文2版，第25卷，117页，北京，人民出版社，1988。

价值的实现，是人们最高层次的内在需要，而个人价值的体现主要是对他人和社会的贡献，也就是说，衡量个人价值的标准是其社会价值。因此，培养职业道德情感的关键是让从业人员明确自己所从事职业的社会价值，从而认同本职工作并产生热爱、眷恋之情，产生自尊心、责任感和荣誉感。同时，职业道德情感是在长期的职业实践中，通过个体的心理体验，如爱、恨、荣、耻、美、丑等不同感受，逐步磨炼形成的，它一经形成，就具有一定的稳定性，影响着个人道德行为的形成和持续发展。从业人员只有培养起持久、稳定的积极情感，才能保证自己在职业实践活动中兢兢业业，自觉履行职业义务，将自己艰辛的职业劳动视为一种自我价值的实现。

3. 磨炼职业道德意志

所谓职业道德意志，是指从业人员在履行职业道德责任和义务的过程中，自觉克服一切困难和障碍，坚持正确的道德选择并持之以恒的一种毅力和精神。职业道德意志是职业道德修养过程中的重要环节，它往往是在职业道德情感的支配下产生的，对形成坚定的职业道德信念和稳定的职业道德行为具有重要影响。在职业道德修养和职业实践活动中，由于主客观方面的原因，从业人员遭遇各种困难、挫折和考验是在所难免的。这些障碍都是从业人员在职业道德修养过程中必须克服的，否则就不可能掌握职业道德规范、践行职业道德要求，更不可能养成良好的职业道德品质。在这个过程中，职业道德意志发挥了重要作用，那些职业道德意志坚强的人，能够抵御各种诱惑与腐蚀，始终保持清醒的头脑，控制自己的道德情感和道德行为，出色完成本职工作。那些职业道德意志薄弱，在障碍面前畏缩不前、中途放弃的人，不可能保持稳定的职业道德行为，也不可能做好本职工作。

4. 树立职业道德信念

所谓职业道德信念，是指从业人员在深刻认识职业道德要求和职业价值的基础上，对职业道德的现实性、正确性及正义性发自内心的一种笃信，及由此而产生的自觉履行某种道德义务的强烈责任感。首先，马克思主义道德观认为，道德是调节人与人之间关系的行为规范，它不同于法律，法律的实施是靠国家强制力来保证的，而道德则是依靠社会舆论的力量，依靠人们内心的信念、习惯、传统和教育来维持的。职业道德同样如此，它主要依靠从业人员内心的坚定信念来维系，而不可能通过简单的法律约束来实现。其次，职业道德信念是构成个人世界观、人生观的重要内容，同时也受制于个人的世界观、人生观。因为树立正确、崇高的职业道德信念，能够对从业人员的价值选择和发展起到定向与导航作用，能激励和发挥个人的积极性、创造性，在复杂的社会环境中明辨是非，自觉追求职业活动中的真善美，远离假丑恶。最后，在职业道德修养的过程中，坚定的职业道德信念的确立，是从业人员职业道德品质成熟的重要标志。在职业道德修养的各项内容中，职业道德信念是职业道德品质的核心。因为职业道德信念能确保从业人员在逆境中始终以坚韧不拔的精神和精益求精的工作态度，正确处理职业活动中出现的一切干扰和阻力，遵守职业道德规则，履行职业道德责任和义务，并始终坚持用正确的标准去鉴定、评价职业生活中人物和事件的是非、美丑与善恶。

5. 养成职业道德行为

所谓职业道德行为，是指从业人员在一定的职业道德认识、情感、意志、信念的支配下，将职业道德原则和规范内化为良好的道德品质，并进一步将其外化为长期的、稳定的道德活动。在某种意义上说，进行职业道德修养的最终落脚点是培养良好的职业道德行为。因为从业人员职业道德素养的高低、职业道德品质的好坏本身是无法测评的，只有通过他们丰富多彩的职业行为体现出来，职业行为是展示和检验职业道德修养水平与成效的指标。因此，如果要对职业道德修养活动及其成效进行评估，其重要的指标就是职业道德行为。同时，良好的职业道德行为应该是较长时期内较稳定的一种活动，而不是一时的或偶尔的道德行为，即职业道德行为应该是从业人员的一种习惯。良好的职业道德行为习惯形成后，从业人员即使没有外在强制力量的监督，也能自觉地按照社会主义职业道德原则和规范办事，积极主动地选择善良的职业道德行为，避免和杜绝邪恶的职业道德行为。孔子所说的“随心所欲不逾矩”，就是职业道德行为修养所追求的一种理想境界。

在社会主义市场经济条件下，一个合格的社会主义劳动者，除了应具备一定的专业技能之外，还必须不断加强自我职业道德修养，把“爱岗敬业、诚实守信、办事公道、服务群众、奉献社会”的职业道德规范内化为自我意识，在具体的岗位上逐步外化为敬业、勤业、乐业、精业、实业的职业行为。只有这样，才能成为一个专业精通、技术过硬、道德高尚、整体素质完善的社会主义劳动者。

第二节　职业道德修养的基本途径

引入案例

理论联系实际，提升职业技能的检车员王德明

1995 年 9 月，三十出头的王德明结束了 13 年的军旅生活，转业到洛阳车辆段洛东列检所，当了一名检车员。

隔行如隔山。进了铁路系统，拿起检车锤，第一次参加车间的业务测试，王德明名列倒数第一。“业务练不精，不是合格兵。”在部队业务精湛屡次立功的王德明咬定一个字：学！他要让检车锤慢慢“听话”。王德明把《车辆构造与检修》等业务书籍找来，逐字逐行读，还把技术标准、作业程序等抄在 200 多张卡片上，随身携带，有空就背。在班上，他向老师傅“取经”。下了班，他在练功车下钻进钻出，各种配件装了拆、拆了装。在家里，他请妻子孩子当“监考老师”。

一次，洛阳车辆段召开防止事故经验交流会，配件车间轴承班工长管志军谈到对一种新型车辆滚动轴承故障处理的体会，散会后，王德明缠着人家到现场，实地介绍技术要点，直到弄懂才罢休。

经过多年的刻苦钻研，王德明终于掌握了精湛的检修技术。11年检车生涯，安全检车10万辆“无漏检”，查出安全隐患50多起，400多起故障手到“病”除！王德明这位昔日的检车“门外汉”，现在却被人称为“车辆大夫”。2002年他被评为郑州铁路局劳动模范，2003年荣获全国铁路火车头奖章，2004年被铁道部命名为“百强检车员”，2006年被授予全国五一劳动奖章。

王德明没有陶醉在经验和成绩里。车辆段即将安装车辆运行安全预警系统，他已申请参加系统培训。“咱虽是个普通检车员，可飞速发展的时代，不允许咱落后啊！”王德明如是说。

资料来源：王明浩：《用心干活的“车辆大夫”——记郑州铁路局洛阳车辆段洛东列检所检车员王德明》，载《人民日报》，2006-06-28。

职业道德修养涉及塑造灵魂，重构自我道德信念，建立新的人生观、价值观，革除旧观念、旧习惯等，甚至可以说是意识形态领域的一场自我革命。但是只要我们能够从如下途径不懈地进行职业道德修养，就一定能完成这一项艰巨的长期性战略任务，实现个人职业道德的养成。

一、不断加强理论学习

理论是指导实践的方向盘，只有从理论的高度去认识和从事职业道德修养的实践，才能避免盲目性，把握主动性。孔子曾明确指出“笃信好学、守死善道”。在他看来，不爱学习、缺少应有的知识，即使主观上爱好仁德，也不会有完善的道德品质；只有“博学”“多闻”才能有完善的道德品质。每一个从业人员提高自身的社会主义职业道德修养，首先必须不断加强理论学习。具体而言，应当主要从两个方面加强理论学习。

一要学习马列主义、毛泽东思想、邓小平理论和“三个代表”重要思想，贯彻落实科学发展观。学会用马克思主义的立场、观点和方法观察问题、分析问题、解决问题，树立正确的世界观、人生观和价值观，牢固树立社会主义荣辱观，从根本上提高辨别是与非、善与恶的能力。在马克思主义理论体系中，我们特别应当着力学习马克思主义的伦理观。因为它全面论述了社会主义道德和职业道德的科学观点，为职业道德修养提供了理论指南，是我们进行职业道德修养的指针，有利于我们沿着正确的方向卓有成效地加强职业道德修养，提升职业道德层次。

二要学习社会主义职业道德基础知识。每一个从业人员应当正确掌握社会主义职业道德的理论、原则和规范，深刻理解为什么这样做，应该怎样做的道理，明确职业道德修养的目标，把握职业道德修养的标准，从而提高职业道德修养的自觉性。在学习过程中，应当着重结合个人实际，把握不同行业的特殊职业道德原则和规范，因为它们往往反映了从事某一职业所必需的道德要求和行为准则，是从事某一行业的道德“上岗证”。我们只有在深刻理解这些要求的基础上，才能在职业实践活动中迅速融入这一行业，做好工作。

二、理论联系实际，知行合一

实践是人生修养的基础。个人的职业道德品质是在实践活动中形成、发展和完善起来的。也只有在职业实践活动中，在个人与他人、个人与集体、个人与社会的道德活动中，我们才能把理论认识付诸实践，通过认识—实践—再认识—再实践的过程，如此反复、坚持不懈，以此加深对职业道德规范的认识，更加清醒地判断自己的职业行为正确与否。离开了社会实践，我们就不能深刻认识到自己的职业思想与现实的差距，不能及时了解和纠正自己在职业道德方面的缺失，更不能通过行动来体现自己良好的职业思想。可见，职业道德修养要想取得成效就离不开职业实践。而且，只有将扎实的理论学习同现实的职业实践相结合，才能达到知与行的统一；只有知与行的统一，才能最终完全符合职业道德规范的要求，才能真正提高自身的职业道德素养，产生良好的修养效果，即所谓的心动不如行动，行动才有成就。

我们还应看到，实践也是学习，而且是更重要的学习。因为实践是检验认识是否具有真理性的唯一标准。认识往往具有片面性和滞后性，只有通过实践来发现、纠正和弥补，而这又形成了更高层次的、更符合实际情况的新认识。当然，实践也会具有片面性，但这可以通过进一步的实践来克服。

刘少奇同志在《论共产党员的修养》中指出："革命者要改造和提高自己，必须参加革命的实践，绝不能离开革命的实践；同时，也离不开自己在实践中的主观努力，离不开在实践中的自我修养和学习。"① 这就告诉我们，职业实践是职业道德修养的根本途径。事实上，当一个职业劳动者以高度的职业责任感，认真履行自己的职业义务，并获得一定的职业荣誉时，就意味着社会对其职业行为给予了肯定的评价，他便从中获得了良心的满足感。这种道德情感体验又反过来促使他坚定遵守道德行为的自觉性。相反，当一个职业劳动者因违反职业道德规范而受到谴责，就会引起良心上的羞耻感、内疚感。这种情感体验，则会促使他改变自己的认识，纠正自己的行为，使之符合职业道德标准。也就是说，只有在职业活动中，职业人才能获得真实的道德体验，才能提高职业道德认识，培养职业道德情感，磨炼职业道德意志，树立职业道德信念，养成良好的职业道德行为习惯。

因此，理论联系实际、力求达到知行合一是每一个从业人员职业道德修养的重要方法和根本途径。我们应当充分把握诸如参观、调研、培训、实习等实践机会，积极投身到丰富多彩的改革开放和

① 《刘少奇选集》，上卷，99 页，北京，人民出版社，1981。

现代化建设的火热生活中，积极地投身到职业实践中去，立足实际，躬身实践，自觉锻炼，在实践中学习提高，努力成为具有优良职业道德品质的社会主义合格劳动者。

三、向先进模范人物学习

榜样的力量是无穷的，学习先进模范人物的高尚品德和崇高精神使之在全社会发扬光大，成为激励和鼓舞广大群众前进的精神力量，是社会主义精神文明建设的重要内容，也是每一个从业人员加强职业道德修养，提高自身职业道德水平的必由之路。在理论学习和职业实践活动中，要学先进、找差距，通过比较来认识和弥补自己的不足，以此不断提高自己的职业道德水平。爱因斯坦说："只有伟大而纯洁的人物榜样，才能引导我们具有高尚的思想和行为。"① 英模人物高尚的职业道德品质，为人们的职业道德修养树立了榜样。在学习英模人物高尚的职业道德过程中，可以学会如何调整个人与他人、个人与集体的关系，从而逐渐形成自己的职业道德品质。

学习先进模范人物应当密切联系自己职业活动和职业道德的实际，注重实效。在学习先进模范人物及其典型事迹时，应运用"角色转换"、"换位思考"的方式，力求使自己进入角色，做到对人物和事例的"感同身受"。然后通过对比和自省，发现自己与先进人物到底存在哪些方面的差距，并找出产生这种差距的原因。最后，努力思考和探索出一条符合个人实际的途径来弥补差距、提升层次，在精神和行动两方面切实落实先进模范人物的优良道德品质和行为，从而达到学习典范的最佳效果。只有这样进行有意识的、深入灵魂的学习和锻炼，并及时自我总结经验教训，才能真正从这些先进人物的身上汲取精神营养，完善自己的职业道德素质，提高职业道德水平。

---

① 转引自许良英等编译：《爱因斯坦文选》，第3卷，37页，北京，商务印书馆，1979。

四、慎独自律

“慎独”是我国伦理思想史上一个特有的范畴，出自于我国古籍《礼记·中庸》：“道也者，不可须臾离也，可离非道也。是故君子戒慎乎其所不睹，恐惧乎其所不闻。莫见乎隐，莫显乎微，故君子慎其独也。”意思是说，道德原则是一时一刻也不能离开的，必须时刻谨守道德规范；道德修养是一个长期坚持的过程，应该时时刻刻检查自己的言行，谨小慎微。因为即使隐蔽得好也不可能不被发现，即使是最微小的东西，也没有不显露的。所以，一个具备较高道德修养的人在独处或无人监督时，言行举止也要谨慎不苟，不做任何不道德的事。正如刘少奇在《论共产党员的修养》中所说：“即使在他个人独立工作、无人监督、有做各种坏事的可能的时候，他能够‘慎独’，不做任何坏事。”① 我们现在依然提倡“慎独”，是重在自律，即在道德上自我约束。“慎独”既是加强职业道德修养行之有效的重要方法和途径，也是职业道德修养所要达到的一种极高境界。

每一个从业人员在职业道德修养领域中应当明确善恶之别，泾渭分明。善虽小，仍然不失其为善；恶虽小，也终究是恶。务必注意克服自己任何不符合职业道德的言行，将其消灭在萌芽状态之中。三国时代的刘备在他的遗嘱里叮嘱儿子，“勿以恶小而为之，勿以善小而不为”，指的就是这种防微杜渐的修养方法。而提倡“慎独”的另一层含义在于正面强调“积善成德”。就是精心保持自己的善行，精心培养自己心中开始出现的职业道德观念和品质的幼芽，使其不断积累和壮大。战国时哲学家荀况曾说：“积土成山，风雨兴焉；积水成渊，蛟龙生焉；积善成德，而神明自得，圣心备焉。故不积跬步，无以至千里；不积小流，无以成江海。”高尚的道德人格和道德品质，不是一夜之间能够养成的，它需要一个长期的积善过程。只有不弃小善，才能积成大善；只有能积众善，才能

① 《刘少奇选集》，上卷，133 页。

有高尚的品德。

“慎独”也是我们衡量自身思想品质和职业道德水准的试金石。在社会、组织和群众的监督下，能够遵守法纪、爱岗敬业、恪尽职守、扎实进取，在独立工作、无人监督、无人约束的情况下，在无人知晓、无人问津的环境里，在一切可能滋生违背职业道德言行的条件下，也要独善其身，临渊履薄，对党和人民忠心耿耿，对自己的学习和即将从事的职业高度负责，按照法律法纪和职业道德准则约束自己的思与行，自重、自省、自警、自励，随时戒除不良思想和念头，保持高尚的道德情操和纯洁的心灵。

第三节　树立正确的择业观与创业观

引入案例

不懈加强职业道德修养，热情服务基层群众的马文芳

1951 年，马文芳出生在通许县大岗李乡苏刘庄村一个普通的农民家庭。10 岁那年，他的母亲和弟弟先后被伤寒夺去生命，是乡亲们捐出了 169 元钱为他们下葬。马文芳从此立志当一名好医生，为父老乡亲解除病痛。1974 年，他以优异成绩毕业于通许县卫校后，主动回村当了一名“赤脚医生”，并创办了“爱心诊所”。

把病人当作自己的亲人，是马文芳从事医疗职业以来不断坚定的人生追求。为了减轻乡亲们的负担，马文芳看病不收住院费、检查费，伤残军人药费减半。在“爱心诊所”，记者翻看过马文芳的处方本，上面显示的药价几乎都是两三元，最贵的处方也不过 12 元。

由于马文芳医术高、态度好，“爱心诊所”的影响越来越大。“绝不能让钱蒙住眼！”马文芳给自己立了个规矩，每月不管挣多少钱，必须从中拿出一半服务乡亲。

2006 年 1 月 11 日，马文芳被评为全国优秀乡村医生，获得 5 000元奖金。他一回村就找到村支书，拿出 3 000 元给村里的特困户送去，剩下的 2 000 元全部购买了一次性卫生材料，准备再给全村妇女儿童做一次免费体检。

这并不是马文芳第一次捐献奖金。2004 年，他把 3 000 元省劳模奖金用于服务乡亲；2005 年 5 月 1 日，参加完全国劳模表彰大会的马文芳一到家，就把 1 万元奖金全部捐出。村里人感激马文芳：“你这样的村医，可是咱全村人的骄傲。”马文芳笑笑：“可别说这些，乡亲们的事就是我的事。”“让乡亲们有个健康的身体，是我心中的头等大事；不让病人多花一分钱，是我的行医准则。只要需要，我愿为乡亲们服务一辈子。”

资料来源：曲昌荣：《“我愿为乡亲们服务一辈子”——记河南通许县苏刘庄村“爱心诊所”所长马文芳》，载《人民日报》，2006-07-04。

一、准确地认识和把握我国当前的就业形势

首先，人口多、就业压力大是我国的基本国情。我国现有 13 亿人口，人口基数大，必然会造成长期的就业压力。其次，因为产业结构正在进一步调整优化中，农业在国民经济的发展过程中始终处于基础地位；工业的比重在逐渐增加，近几年进入了以重工业化为特征的工业化加速发展期，工业的重要性不言而喻；相对于农业和工业而言，作为第三产业的服务业是最能容纳劳动力的产业，但是服务业在我国所占比重还比较小，这种情况导致了就业市场劳动力的容纳量受到限制，对扩大就业也造成了客观困难。再次，生产力发展和科学技术的进步也会造成一些行业和部门吸纳劳动力的数量有所降低。改革开放以来，我国经济保持快速的发展势头，经济

的快速增长在很大程度上得益于科学技术的进步，大量先进的设备和技术在生产领域中得以应用，提高了生产的自动化水平，也改变了许多企业的生产和经营方式，资本和技术密集化的企业在迅速增加，人员密集型企业增长缓慢甚至在逐渐下降，这样，企业在发展壮大的过程中吸纳劳动力的数量相对减少了。最后，劳动力供求关系不平衡比较严重，人才流动机制有待进一步完善。从总体来看，我国劳动力市场供大于求的矛盾十分突出，但是对于一些行业来说又面临着劳动力严重紧缺的局面，造成了有人无事干，有事无人干的社会现象。同时，劳动力市场发育不完善，人才流动机制存在缺陷，也在一定程度上对就业造成了负面影响。

正是由于就业形势比较严峻，所以近年来国家和政府采取了积极的就业政策，即确立了“劳动者自主就业，市场调节就业，政府促进就业”的就业方针。坚持通过发展经济、调整经济结构、深化改革、协调发展城乡经济以及完善社会保障体系促进就业，并采取各种有效措施，千方百计增加就业，扩大就业规模，努力把失业率控制在社会可承受的限度内。而实践证明，积极就业政策的实施的确产生了实际的效果，近年来社会就业率和再就业率不断提高。所以每一个从业人员在就业的问题上既要看到问题的紧迫性，但是也无须过于悲观。

就业问题是一项十分复杂的社会性工程，因此这一问题的解决不可能一蹴而就。除了上述的各种客观因素制约外，主观方面的因素也不可忽视，特别是主观方面因素所产生的负面影响是十分明显的，许多人在择业观和创业观方面不能及时调整心态，最终因心态和观念的错位而陷入就业和创业的困境。这种现象在现实中表现得十分突出，最终造成中国就业群体的结构性失业和摩擦性失业。

这里所谓的结构性失业，主要是指职业技能、素质、择业观念与经济增长带来的就业岗位要求难以适应，导致有工作不能干。这种失业状态主要是由于一部分人的思想不能紧跟就业形势所致。而摩擦性失业主要是指由于工作实际距离理想目标存在差距，或者为了寻求更高的待遇和更大的发展机会，或是惧怕现实挑战而造成的暂时性失业。它是市场经济条件下人力资源配置过程中的一种常态，通过就业观念的引导和信息披露，比较容易化解。

当然，失业类型中还包括发展性失业和周期性失业，前者是指农村富余劳动力向城镇的转移，常会造成一部分人员处于失业状态。后者是指经济周期发展不景气而造成对劳动力需求的萎缩。它对经济发展所造成的负面影响最大，也是各国宏观经济政策力图降低的指标。这两种失业均是由社会客观因素造成的，与观念的错位关联不大。

二、树立正确的择业观和创业观

从我国当前的就业形势出发，在择业问题上，每一个从业人员应当树立如下一些基本的择业观。

1. 服从社会的需要，追求长远利益

择业的标准是什么？择业的目的是什么？这是每一个人在择业时应当首先明确的问题。目前一部分人在择业问题上强调实惠，注重选择“收入高”、“工作条件舒适而稳定”、“名声好”或者“社会地位高”的职业，这样的选择本也无可厚非，但是从客观现实来看，还是有一定的局限性。择业固然要考虑个人的兴趣和意愿，但是职业生活并不纯粹是个人打理的一桩生意，而是受到社会需要制约的。从当前我国的就业形势来看，人们在就业问题上应该更多地考虑社会需要，把自己对职业的期望与社会的现实需要统一起来，着眼现实，面向未来，既不好高骛远，也不消极被动，立足于先就业，后择业，再创业，这是实现自身顺利就业的重要前提。同时，在就业问题成为社会焦点问题的关头，服从社会的需要也是我们对国家和人民负责的体现。

2. 树立崇高的职业理想，重视自我价值的实现

职业活动是人谋生的方式和手段，这是职业给予人肯定最基本的方面，但是职业对于人来说并不仅仅具有工具的意义，它还具有

目的性，即它是人完善和实现自己本质的必要条件，因为通过职业活动可以建立和丰富人的社会关系，帮助人完成社会化的过程，同时使人的潜能和价值得到充分展现。因此，只是从个人的、工具性的和物质需要的角度来看待职业，就必然忽视了职业生活所蕴藏的更丰富、更深层的内涵，忽视了人生的丰富性和超越性。

所以，我们应当认识到，树立崇高的职业理想，不仅是在拓展职业的意义，更是在提升人的生存意义。实际上，树立崇高的职业理想并不是空洞抽象的话语，它具有非常强的现实性与实践性，即我们不应单纯地把职业看成是一只谋生的“饭碗”，只是盛着用来果腹的饭食，职业应当是我们一生所追求的事业，它蕴涵着我们的理想和信念。

3. 打下坚实基础，努力完善自我

择业并不是以纯粹的观念和思想追求为前提，而是以自身的现实能力和素质为基础。每一个人要想实现顺利就业，就应当充分利用宝贵时间，努力学习知识、锻炼技能、提高素质、完善自我。“机会总是垂青于有所准备的人”，如果我们每个人的发展都能够适应不同职业的需要，那么结构性失业现象就会大大缓解。这样既能实现对自我的肯定，也能够获得社会的认可。

择业并不是现代职业生活的一个孤立环节，择业与创业总是紧密相连的。所以，具有开拓精神和创新精神的人除了要调整自己的择业观外，还应当树立正确的创业观。

第一，要有立足创业的准备。如果说择业是走向社会的起点，那么创业就是充分展现个人能力、达到自我价值实现最大化的跳板。如果一个人选择了职业之后却采取消极、应付的态度，那么择业也就失去了意义。所以，创业才是拓展生活、证明自我的关键环节。而且，在今天就业压力较重的社会大环境中，立足创业无疑是摆脱困境、发展自我、实现自我的重要途径。今天社会生活中所增添的许多新职业，既体现了新的社会需要，又凸显了创业者的智慧和辛劳。

原劳动和社会保障部从 2004 年建立新的职业信息发布制度以来，迄今已经向社会发布了四批新职业，共计 40 个，并确定了今后向社会定期发布新职业的工作程序。许多新的职业，诸如信用管理师、网络编辑员、房地产策划师、职业信息分析师、玩具设计师、黄金投资分析师、企业文化师、家用纺织品设计师、微水电利用工、智能楼宇管理师、健康管理师、公共营养师、芳香保健（SPA）师、宠物医师、医疗救护员、计算机软件产品检验员、水产品质量检验员、农业技术指导员、激光头制造工、小风电利用工、紧急救助员等，都成为得到国家和政府认可的新职业。新职业的发布也为我们传达了这样的明确信息：自主创业的空间是广阔的，也是大有可为的。

第二，要有敢于创业的勇气。创业是艰难的，所以需要勇气。在对待就业的问题上，有一些人仍然有较强的依赖心理和胆怯心理，害怕接受挑战。

第三，要提高自主创业的能力。创业需要勇气，但不是蛮干。创业不是追求心跳的感觉，而应当产生实际的成功。所以人们在创业的问题上除了做好立足创业、勇于创业的心理准备之外，还要有善于创业的理性思考。既要不拘泥于陈式，又要充分考虑自身的条件、创业的环境等各种现实因素。来过、走过、经历过的感受固然浪漫，但苦过、累过、成功过的收获更为现实、长久。

三、在艰苦中锻炼，在实践中发展

在对待职业的问题上，除了要了解职业道德和职业法律的基本要求，树立现代的择业观和创业观外，我们还应当有在艰苦中锻炼，在实践中成才的准备和抱负。

1. 正确理解“艰苦”

随着社会的发展，人民生活水平的迅速提高，“艰苦”似乎在离我们越来越远，在这样的社会背景下，再提“在艰苦中锻炼”的话题是否显得很不合适？实际上，“艰苦”并不是一种固定的生活状态，也不是一种绝对的生活境遇，“艰苦”应当是一种生活常态。物质匮乏的工作环境无疑是“艰苦的”，精神上缺乏沟通的工作岗位也是“艰苦的”；自己的能力得不到发挥的工作是“艰苦”的，由于自己能力出众而备受器重也会造成“工作中有不能承受之重”的“艰苦”。祈求在没有“艰苦”的环境下生活就像指望生活中总是一帆风顺那样不切实际，所以在任何条件下，“在艰苦中锻炼”都是有意义的。

当然，在就业问题上强调“在艰苦中锻炼”，绝不是“为赋新词强说愁”，“艰苦”是客观存在的。

第一，从国家和社会的大环境来说，我们面临的许多问题都可能会转化为职业活动中的“艰苦”因素。改革开放以来，社会主义现代化建设所取得的伟大成就有目共睹，但是我们仍然是一个发展中国家，并且会长期处于社会主义初级阶段。国际环境复杂多变，我国的发展仍然会受到不少因素的制约，面临严峻的挑战。同时，国家和社会的发展也会面临许多制约因素和现实困难。人多地少，人均资源不足，是我国的基本国情。生产力不够发达，城乡、区域之间的发展很不平衡，是我们面临的客观环境，“资源瓶颈”、“科技瓶颈”、“人才瓶颈”是制约经济发展的主要因素。这样的基本国情和所处的发展阶段，决定了我国实现工业化、现代化的任务比别的国家艰巨得多，遇到的矛盾和困难也比别的国家复杂得多。

第二，当前最需要人才的是广大基层单位，而许多基层单位相对来说生活条件要差一些，工作条件要艰苦一些，但是它们对人才的渴求最为强烈，也能够为人们提供较为广阔的施展才华的空间。所以，面向基层择业、就业和创业，对于人们来说会越来越具有现实意义。

第三，从个人生存发展的小环境来说，我们也会遇到许多“艰苦”的考验，这些考验有来自学习上的，也有来自生活上的，有来自家庭的，也会出现在工作中。这众多的考验都会转化成一种生活中的磨炼。就人生而言，现实生活中既有静谧又有悸动，既有顺境又有逆境，既有喜剧又有悲剧，既有幸运又有不幸。这些相反相逆的方面，不仅相互映照，相互为用，而且相互竞争，相互遏制。生活本身就是这些对立因素的混合，它们不仅显示了人生的多姿多彩和生活世界的幽微奥妙，而且相互和答、相互规定、相互激荡、相映成趣，使我们对人生多了一些理性、道德和审美的理解，也多了一种打破平庸、超出平凡的希冀与动力。有人曾说，“苦难是人生的一所学校”，这并不是说，苦难是人生的必然归宿，而是说，人一旦跨过苦难这道门槛，就会接受一次重要的洗礼，而具有更乐观的心态和更坚强的毅力。

所以，对于我们每一个人而言，“在艰苦中锻炼”是对社会需要的自觉担当，也是对自己人生历程的自觉准备和应对。而且，我们还应当清醒地认识到，“在艰苦中锻炼”也体现了个人成长发展的规律。古人云：“天将降大任于斯人也，必先苦其心志，劳其筋骨，饿其体肤，空乏其身，行拂乱其所为，所以动心忍性，曾益其所不能。”今天人们说，“不经历风雨怎能见彩虹”。这都在说明，艰苦的磨炼是成长、成人、成才的必要条件。

2. 努力在实践中成才

实践出真知，实践也是铸造人才的大熔炉。社会实践不仅是人才成长的动力，是衡量人才的标准，而且是成才的目的，归根到底，也是为了服务实践，满足社会实践的需要。然而，社会实践作为人们改造客观世界和自身主观世界的一种社会活动，本质上也是一个能动的、艰苦的过程。实践与艰苦总是有着不解之缘。

人才是永不枯竭的第一资源，人才强国是我国的发展战略。应对日益激烈的国际竞争，保持经济发展的强大后劲，构建社会主义和谐社会，提高党的执政能力，都需要以人才为后盾，这是时代所提出的课题，也是我们遇到的难得的发展机遇。

在许多人看来，成才是对人的很高的要求，所以成为人才似乎是可望而不可即的。然而人才并不是专指具有特殊才能的社会精英，普通人同样也是人才。另外，还有人认为，成才是针对学生而言的，与成人没有什么关系。其实，在知识更新极快的现代社会，成才所指的对象不再局限于青年。社会发展要求每一个人必须成为学习型人才，才不会被时代所淘汰。它要求人们“活到老，学到老”。许振超、张勇等就是从普通工人中脱颖而出的杰出代表。

首届全国人才工作会议于2003年12月在北京召开。这次会议根据世界经济、政治和科技形势发展的深刻变化，按照党的十六大确定的“尊重劳动、尊重知识、尊重人才、尊重创造”方针，提出了“人才资源是第一资源，人人都可成才，人才就在群众中”的新人才观，确立了衡量人才“不唯学历、不唯职称、不唯资历、不唯身份”以及主要看实际能力和贡献的“大人才观”。在人才培养层次上，“大人才观”既强调党政领导人才、企业经营管理人才和专业技术人才是我国人才队伍的主体和人才建设的重点，又注重努力培养和造就数以亿计的高素质劳动者，数以千万计的专门人才和一大批拔尖创新人才，真正把我国由人口大国转化为人才资源强国。

在新的时代中，成才的途径拓宽了，成才的标准放宽了，但是归根结底，要成为人才，必须要学习、学习、再学习，实践、实践、再实践。努力学习文化知识，夯实专业基础，掌握职业技能，并且在职业实践中做好自己的本职工作，只有这样，国家的人才强国战略才能落到实处。

“不拘一格降人才”，是我们所处的时代背景。“天生我才必有用”，是我们的抱负，更是我们在实践中的必然选择！

本章小结

本章主要阐释加强职业道德修养的问题，主要内容包括以下几部分：

1. 职业道德修养的含义是指职业人在道德意识和道德行为方面的自我锻炼、自我改造、自我陶冶、自我教育，以及在这一过程中所形成的职业道德品质和达到的职业道德境界。

2. 职业道德修养的主要内容是培养职业道德认识，培养职业道德情感，磨炼职业道德意志，树立职业道德信念，养成职业道德行为。

3. 职业道德修养的基本途径包括：第一，不断加强理论学习。主要从马克思主义理论和社会主义职业道德基础知识两方面加强学习。第二，理论联系实际，知行合一。第三，向先进模范人物学习。第四，慎独自律。

4. 确立正确的择业观与创业观。要清醒地认识和把握我国当前的就业形势，然后从形势出发，树立如下正确的择业观：第一，服从社会的需要，追求长远利益。第二，树立崇高的职业理想，重视自我价值的实现。第三，打下坚实基础，努力完善自我。还应当树立正确的创业观：第一，要有立足创业的准备。第二，要有敢于创业的勇气。第三，要提高自主创业的能力。

5. 要树立现代的择业观和创业观，应当有在艰苦中锻炼、在实践中成才的准备和抱负。正确理解客观存在的“艰苦”，脚踏实地，从我做起，从现在做起，努力在实践中成才！

思考题

案例一

富兰克林的故事

小时候富兰克林跟着父亲学习做牛脂蜡，过着一种特别单调的日子，整天忙着煮肥皂、割蜡烛灯芯、浇灌模型这样的活计，父亲在为自己拥有这门手艺自豪的同时，也希望把富兰克林培养成接班人。然而富兰克林并不以为然，他的脑海里充满了蜡烛以外的兴趣，虽然他整日守着开水壶、灯芯和模子，心思却总是搁在别的上面，技艺自然毫无长进。父亲渐渐看出儿子将来是不会成为造蜡烛的行家里手了，失望之余，他对大儿子说：“你把他带到你那印刷厂去吧，看来他这辈子蜡烛是做不好啦，或许还能成为一个不错的印刷匠，再给他一个机会试试。”

富兰克林刚进印刷铺子时，以为这里的活并不比以前摆弄那些油腻模子有趣多少，但不久他有了重要发现，觉得印刷这活儿很重要，既可以让自己学到文化知识，又可以让别人学到文化知识。于是他逐渐喜欢上印刷，干起活来同以前比好像换了一个人似的，在劳动中他尽一切机会学习各种知识，甚至想到将来有一天也成为作家，把自己的思想印成文字。

经过艰苦的努力，他的梦想变成了现实，后来他成了著名的哲学家、科学家、外交家，同时还是美国的开国元勋。

资料来源：中国人力资源网，2004-07-13。

案例二

许振超：只有不断学习、拼搏，才能争创一流

许振超是青岛港（集团）有限公司职工，从 1968 年参加工作至今，干一行，爱一行，精一行，靠追求卓越、敬业报国的主人翁意识和开拓进取、求真务实的创业精神，带领自己的团队，创造出了世界一流的集装箱装卸效率。

许振超认为爱岗就要敬业，敬业就要精业，精业得不断加强学习、不断实践。为此，他抱定了“争就要争世界第一”的志向，对技术操作精益求精，练出“一钩准”的操作水平和“无声响操作”的绝活儿。他说：技术是为自己学的，成绩是靠顽强拼搏的精神干出来的。2001 年，他承担起青岛港新型桥吊安装现场总指挥的重任，接受任务后他买了十箱方便面，连续 40 多天没有回家，坚持工作在码头一线，每天在零下十几度的寒风里一干就是十五六个小时。许振超就是凭着这种艰苦奋斗、顽强拼搏的精神，带领工友胜利完成了任务，为青岛港的集装箱发展赢得了宝贵的时间和机遇。许振超非凡的业绩得益于他时刻把学习作为“第一需要”，他坚信

"知识改变命运，学习成就未来"，数十年如一日，不论在什么岗位上，他坚持工作需要什么就学习什么，总是带着热情去学习、带着问题去学习，并以坚韧不拔的毅力坚持下来。他说："一个人可以没有文凭，可以不进大学，却不能没有知识。人要活出质量，就要孜孜不倦地学习，这样才不枉宝贵的一生。"

资料来源：陈瑛主编：《职业道德——国家职业资格培训教程》，97～98页。

根据上述案例，谈一谈加强职业道德修养对个人事业成功具有什么样的作用。

案例三

"神眼"警探

2006年五一国际劳动节前后，《人民日报》、新华社、中央人民广播电台、中央电视台等中央主要新闻单位联合同步推出大型人物宣传专栏《劳动者之歌》，报道了众多工作在基层一线的普通劳动者的事迹，讴歌了他们的职业精神和奉献精神，"神眼"警探刘云就是其中之一。

刘云，1988年参加铁路公安工作，1997年至今担任南京铁路公安处刑警。2000年以来3次被公安部授予"全国优秀人民警察"称号，2005年获全国公安战线"二级英模"称号，荣立个人一等功一次，荣立二等功和三等功各两次。

刘云初进公安队伍时，岗位是专职驾驶员，他的"神眼"是后来练就的。做驾驶员的那些年，只要一有闲暇，刘云就主动跟在老民警后面"取经"。晚上回家，刘云都把白天的查堵实践和请教来的经验写在笔记本上。时间一长，积累多了，思路也开阔起来。从1993年到1997年，刘云利用业余时间查获一二十名犯罪嫌疑人。1997年8月，刘云调到了南京火车站派出所，成为一名真正的刑警。从警以来，刘云先后参加侦破各类刑事案件1 036起，抓获犯罪嫌疑人 935 名。同事们说："刘云是火眼金睛。"刘云则说，多年的查堵工作培养出一种职业感觉，这不是特异功能，关键是要细心，多观察。

南京火车站是重要交通枢纽，平均每天有 100 多对列车在这里交会，日常流量 4 万多人次。这里的警察有一项主要工作就是查验身份证。为了提高对假身份证的鉴别能力，刘云收集了千余份假身份证，没事就拿在手上摆弄研究。如今，刘云闭着眼睛一摸，或者听听敲击身份证的声音，就能立辨真假。除了对自己的查堵经验进行总结外，刘云参加了本科函授，还到沈阳刑警学院脱产学习刑事侦查近半年。

采访时，刘云那双锐利的眼睛，给记者留下了深刻印象。刘云说，自己是一个普通警察，没什么特别的，只是留了心，把多年经验积累起来而已。如今，刘云正在南京铁路公安处组织的培训班带学员。经过十几天的培训后，学员已抓到了 4 名犯罪嫌疑人。

资料来源：申琳：《"神眼"警探——记南京铁路公安处南京火车站派出所刑警刘云》，载《人民日报》，2006-05-13。

1. 根据案例，谈一谈加强职业道德修养的重要意义。

2. 根据案例，结合个人实际，论述加强自我职业道德修养的具体方法和途径。

后　记

本书以邓小平理论和“三个代表”重要思想为指导，落实科学发展观，体现党的十七大精神，紧密结合我国社会主义思想道德建设和贯彻落实《公民道德建设实施纲要》的实际，适应近年来我国在职业道德的考核、培训、建设和发展等方面面临的新形势、新任务、新要求，坚持理论联系实际的原则，对社会主义职业道德的基本理论与建设进行了全面阐述。

全书由王易和邱吉担任主编，各章撰写分工如下：

第一章　邱　吉（中国人民大学马克思主义学院副教授，法学博士）
　　　　王　易（中国人民大学马克思主义学院副教授，哲学博士）
第二章　马先辉（徐州师范大学研究生院副院长、副教授，法学博士）
　　　　翟文忠（中国人民大学科研处基地办公室副主任，法学博士）
第三章　李建国（中国社会科学院助理研究员，法学博士）

第四章　杨　兰（中国人民大学马克思主义学院 2007 级博士生）
　　　　葛丽曼（中国人民大学马克思主义学院 2005 级硕士生）
　　　　包云燕（云南师范大学副教授）
第五章　黄　刚（中国人民大学马克思主义学院 2007 级博士生）
　　　　刘致丞（上海闵行区党校，中国人民大学马克思主义学院 2005 级硕士生）
第六章　齐英艳（北京邮电大学讲师，法学博士）
第七章　傅　强（中国人民大学马克思主义学院 2006 级博士生）
　　　　陈春莲（北京政法职业学院人文系副教授，中国人民大学马克思主义学院 2006 级博士生）
第八章　傅　强（中国人民大学马克思主义学院 2006 级博士生）
　　　　何玲玲（西南大学政法学院副教授，法学博士）

为使整本书在基本观点、概念界定、内容安排、表达风格、体例形式上一致，主编在统稿时对各章都作了程度不同的删减和改写，有的章节改动较大，最后由王易、邱吉同志统稿、定稿。傅强同志协助参加了个别章节的修改，并做了大量事务工作。中国人民大学出版社的编辑郭晓明同志为本书的编辑出版付出了辛勤的劳动，在此，表示诚挚的感谢，并致以由衷的敬意！

本书是集体劳动的成果。由于我们的水平与能力有限，书中难免存在疏漏或不妥之处，恳请同行专家、学者及广大读者提出宝贵意见，帮助我们进一步修改，使之更趋完善。

编者

2008 年 8 月

图书在版编目(CIP)数据

职业道德/王易，邱吉主编.
北京：中国人民大学出版社，2009
ISBN 978-7-300-10129-3

Ⅰ. 职…
Ⅱ. ①王…②邱…
Ⅲ. 职业道德
Ⅳ. B822.9

中国版本图书馆 CIP 数据核字（2008）第 200913 号

职业道德
主编　王易　邱吉

出版发行	中国人民大学出版社		
社　　址	北京中关村大街 31 号	**邮政编码**	100080
电　　话	010－62511242（总编室）		010－62511770（质管部）
	010－82501766（邮购部）		010－62514148（门市部）
	010－62515195（发行公司）		010－62515275（盗版举报）
网　　址	http://www.crup.com.cn		
经　　销	新华书店		
印　　刷	北京宏伟双华印刷有限公司		
规　　格	148 mm×210 mm　32 开本	**版　　次**	2009 年 1 月第 1 版
印　　张	6.875	**印　　次**	2021 年 4 月第 9 次印刷
字　　数	182 000	**定　　价**	18.00 元